GUIDE
PHOTO

Éditeurs:
LES ÉDITIONS LA PRESSE, LTÉE
44, rue Saint-Antoine ouest
Montréal   H2Y 1J5

Conception graphique:
JEAN PROVENCHER

*Photographie de la couverture
et des pages intérieures:*
ANTOINE DESILETS

Tous droits réservés:
LES ÉDITIONS LA PRESSE, LTÉE
©Copyright, Ottawa, 1986

Dépôt légal:
BIBLIOTHÈQUE NATIONALE DU QUÉBEC
2e trimestre 1986

ISBN 2-89043-175-4

1 2 3 4 5 6   91 90 89 88 87 86

ANTOINE DESILETS

GUIDE
PHOTO

la presse

Du même auteur
aux Éditions de l'Homme

Sommaire

Des remerciements tout à fait particuliers à Gilles Péloquin pour la révision de mes textes et aux maisons L.L. Lozeau et L. Laplante pour leur collaboration technique.

A.D.

Introduction

«La technique de la photo est quelque chose
de simple que tout individu d'intelligence
normale peut comprendre; elle tient une
place infime. La photographie est une affaire
du coeur et de l'oeil.»

J.M. Chournoz

La photographie a bien changé en une dizaine d'années seulement. Si la grande révolution des années soixante a été l'invasion massive du marché par les fabricants d'appareils 35 mm, et celle des années soixante-dix par l'arrivée des appareils compacts et «Instamatiques», le grand bouleversement de notre décennie est sans doute l'automatisation de l'équipement. On la retrouve partout, aussi bien dans les appareils de haut de gamme destinés aux professionnels que dans ceux, et souvent à un degré encore plus poussé, qui sont conçus pour le grand public, pour ces gens qui s'intéressent moins aux subtilités de la technique qu'aux résultats, aux images qu'ils obtiendront après avoir appuyé sur le déclencheur.

À la confusion des sceptiques, il est en effet aujourd'hui possible de prendre des photos techniquement réussies sans avoir à intervenir dans le processus autrement qu'en cadrant le sujet et en appuyant sur le déclencheur de son appareil, et cela dans une variété de conditions d'éclairage absolument étonnantes.

Mais, comme l'écrit Jean-Marie Chournoz dans l'exergue à cette introduction, la photographie est (*et demeure*) une affaire du coeur et de l'oeil, et l'automatisation ne fait que donner une nouvelle importance à cet aspect des choses. Je n'en veux pour preuve que ma propre expérience et celle de tous les photographes de presse qui, pour les besoins de leur métier, doivent tout connaître et tout retenir de tous les secteurs de la photo pour ensuite l'intégrer à leur subconscient et en venir à opérer «automatiquement», en «oubliant» la technique afin de concentrer le maximum d'attention sur les sujets à évolution rapide qui sont leur lot. «Ne pas penser» à la technique ne signifie donc pas qu'on la néglige ou qu'on ne la connaît pas, bien au contraire! Et je pense que les utilisateurs d'appareils automatiques, dont il m'arrive de faire partie, s'ils veulent faire les meilleures photos possible avec leur équipement, ont intérêt à savoir un peu «comment ça marche», à apprendre au moins dans les grandes lignes ce qui se passe «dans la tête» de leur appareil quand il «leur» prend une photo.

C'est dans cet esprit que j'ai conçu ce guide, qui renferme aussi nombre de renseignements utiles à ceux qui ne sont pas encore «convertis» à l'automatisme ou qui ont parfois envie de «débrayer» les «servo» pour explorer le monde en mode «manuel»! Et y faire, comme je le souhaite, non plus de bonnes mais d'excellentes photos!

Antoine Desilets

1

Les appareils

Petits ou gros, simples ou compliqués, sans piles ou électroniques et programmables, bon marché ou hors de prix, tous les appareils photographiques comportent les cinq éléments suivants:

☐ un boîtier étanche à la lumière;

☐ un objectif (fixe ou interchangeable) qui capte la lumière et la dirige vers la pellicule pour y former une image;

Graphique montrant le cheminement de la lumière (l'image); une fois l'image contrôlée par l'oeil, l'opérateur déclenche l'obturateur, le miroir monte et l'image s'imprime sur la pellicule.

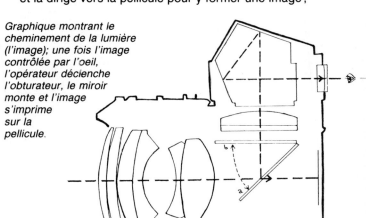

☐ un viseur qui permet de cadrer cette image et d'analyser la lumière ;

☐ un obturateur qui contrôle la longueur du temps pendant lequel la lumière atteint la pellicule ;

☐ un diaphragme qui détermine le volume de lumière qui frappe la surface sensible.

En jouant sur l'agencement et les caractéristiques de ces diverses composantes, on arrive à fabriquer des appareils de plusieurs types et formats différents, dont voici en survol les principaux :

Le Kodak Disc

Dernier-né des appareils pour tout le monde, il ressuscite une vieille technique et constitue actuellement un modèle unique en son genre, qui remplacera peut-être l'appareil de format 110. Sa pellicule spéciale se présente sous la forme d'un disque sur lequel on peut enregistrer 15 clichés. Le disque au complet mesure 6,5 cm de diamètre, ce qui en fait le format de pellicule le plus petit sur le marché. Sa sensibilité est de 200 ISO. On assure que le flash incorporé à l'appareil peut fonctionner pendant cinq ans en usage normal. Trois modèles sont disponibles : le Kodak Disc 4000 (le moins cher), le 6000 et le 8000. Ils sont tous les trois motorisés.

Les pocketmatiques

Ce sont les appareils les plus utilisés par les « photographes du dimanche ». Simples à opérer, plutôt bon marché comparativement au 35 mm reflex, ils sont en train de prendre la place des appareils 126 que l'on appelait « Instamatiques ». Conçus pour la pellicule de format 110, ils se sont taillé une belle part du marché en répondant aux exigences des amateurs qui « veulent que ça marche tout

seul» et refusent les complications. La qualité de leurs images est légèrement supérieure à celles du Kodak Disc.

Les compacts

Les amateurs soucieux de «faire mieux» délaissent un jour ou l'autre leur «110» ou leur «Disc» pour faire le saut dans les ligues «semi-majeures» et «majeures» dont les appareils compacts sont un peu le premier «club ferme». Une vingtaine de modèles compacts ont déjà la mise au point automatique et, dans un avenir proche, ils l'auront tous. Le premier facteur de leur succès est sans contredit l'emploi de la pellicule de format 35 mm, dont la qualité de reproduction n'est plus à défendre. Les compacts nous font entrer dans l'ère de la photo «toutoto»... talent et expérience mis à part (ou presque!).

Les 35 mm reflex

Ces appareils hautement perfectionnés allient qualité générale, choix des modes d'opération (manuel ou tout automatique), interchangeabilité des objectifs et des viseurs, possibilité de motorisation, luminosité d'objectifs, mémorisation de données et fonctions, et toute une pléiade d'options qui font la joie des amateurs sérieux et de tous les professionnels. Les appareils de haut de gamme coûtent cher, mais ce prix demeure «raisonnable» en regard du coût de fabrication de ces robots quasi monstrueux. Exemple: le Minolta Maxxum 7000 (voir page 18).

Les 2¼ x 2¼ po (6 x 6 cm)

Juste au-dessus des 35 mm dans la hiérarchie des appareils-photo d'aujourd'hui, ils utilisent de la pellicule grand format et constituent des outils professionnels que certains amateurs se procurent tout de même, considérant que la qualité des images qu'ils produisent vaut le prix qu'ils coûtent: 1 000 $ en moyenne et au-delà de 5 000 $ pour un système complet!

Lequel choisir

Tous ceux qui font de la photographie se sont un jour ou l'autre demandé quel type d'appareil leur convenait le mieux. Les spécialistes de la vente d'appareils-photo se font évidemment un plaisir d'orienter les acheteurs dans cette démarche mais pour que son travail soit efficace, l'amateur, comme le professionnel, doit avant de les consulter avoir pris lui-même quelques décisions. Voici les questions que l'on doit se poser en se rendant chez le marchand:

☐ La qualité des images est-elle un facteur qui me préoccupe?

☐ Mon premier désir est-il de toujours obtenir des images, sans jamais en rater une? (Problème maintenant facile à résoudre!)

☐ Serai-je un jour tenté de photographier en gros plan des fleurs, des insectes ou d'autres objets de taille réduite?

☐ Les images que je veux obtenir dépasseront-elles souvent le format 9 x 13 cm (3½ x 5 po)?

☐ Combien de fois par semaine ou par mois ai-je l'intention d'utiliser mon appareil?

☐ Suis-je déterminé à devenir un photographe sérieux et à quel point?

☐ Quel est le montant d'argent que j'entends consacrer à cet achat?

Une fois que l'on a des réponses précises à toutes ces questions, on peut se confier à l'un des vendeurs au comptoir de son magasin préféré de matériel photographique. En les analysant avec lui, il est possible de déterminer quel est l'appareil qui correspond vraiment le mieux à ses besoins du moment.

P.-S. : Et si vous me demandez quel est le meilleur appareil sur le marché... je vous dirai : « C'est celui-ci ! »

C'est le meilleur appareil photo du monde

Jouez de la «photomatique»

Nous sommes à l'ère des objets qui pensent pour nous (et non à notre place... enfin, pas encore!). La photo n'y échappe pas et les fabricants nous offrent aujourd'hui nombre d'appareils parfaitement capables de s'occuper de leurs propres problèmes, ceux qui sont d'ordre technique, pour nous laisser résoudre en toute tranquillité ceux qui relèvent de «l'esthétique» (avec ou sans prétention) et qui sont, en fait, les plus difficiles! Grâce à eux, il est possible de vraiment «faire de la photo» sans être forcé d'apprendre tout un traité de physique appliquée. En fait, l'idée est assez semblable à celle de ces «vieux pianos» automatiques que chantait Léveillé: l'opérateur choisit sa «pièce» et elle se joue toute seule! De cette façon, du moins en théorie, n'importe qui peut devenir un virtuose de l'image sans connaître les rudiments de la technique photographique. Je sais qu'il en est pour lesquels une telle réalité sent le soufre et l'hérésie, mais ne vous en faites pas: ils sont de moins en moins nombreux! En fait, 90 p. 100 des «photomanes» n'éprouvent pas d'affection spéciale pour les théories scientifiques, les savants calculs et les manipulations de leviers, de molettes et de bagues, sans parler des check-lists de deux pages et demie qu'il faut mémoriser... et des clichés perdus par omission de l'une ou l'autre des quatorze opérations nécessaires au fonctionnement «normal» de la machine! Ce qui les intéresse, ce sont les photos, pas les problèmes. Et il m'est difficile de leur donner tort! Je ne saurais non plus m'étonner de l'engouement du public face aux appareils «toutoto» qui, pour cette raison même, bouleversent actuellement tout le marché de la photo. La principale consé-

quence de ce véritable raz de marée est de mettre, plus que jamais, la photo, et la *vraie* photo, à la portée de tous. Une fois chargés, réglés par rapport à la sensibilité du film et armés, ces appareils prennent toute la «cuisine» en charge. L'opérateur n'a plus qu'à pointer, cadrer, déclencher et passer à l'image suivante! Tout cela sonne comme de la fiction? Pourtant, cet appareil-photo de l'an 2000 est déjà sur les comptoirs... et un peu partout dans la nature, entre les mains d'un nombre croissant de chasseurs d'images.

Ces petites merveilles sont les appareils *ultra-compacts* tout automatiques (voir leur grand frère le Minolta Maxxum 7000 (à la page 19). Afin de vous laisser «jouer» de la photo sans problèmes, voici ce qu'il fait à votre place: il vous facilite le chargement, qui se fait instantanément et sans risque d'erreur de manipulation; il décide du temps de pose «à la vitesse de la lumière»; à la même vitesse, il fait «toutotomatiquement» sa mise au point; une fois le cliché exposé, il avance le film et réarme l'appareil en ¼ de seconde; si la lumière du jour est trop faible, il fait appel au flash, de son propre chef mais en vous avertissant. Pour les sceptiques, j'ajouterai qu'il fournit en cela un travail fort honnête, à condition, évidemment, qu'on ne s'amuse pas à le mettre dans des situations impossibles! Des esprits chagrins vous diront qu'il expose mal les contre-jours et qu'il n'arrive pas toujours à débrouiller les forts contrastes d'éclairage. Ils ont raison mais négligent de mentionner que la moyenne des amateurs ne s'en tire guère mieux que lui et, bien souvent, beaucoup plus mal. Et quant aux amateurs «au-dessus de la moyenne», ils sont censés connaître suffisamment la question pour tenir compte des faiblesses (oh, combien légères!) de leur ultra-compact et lui donner à «manger» des images qu'il est capable de «digérer» sans rechigner. Et il y en a beaucoup!

En fait, on peut dire que les appareils ultra-compacts sont à la photographie ce que les véhicules tout terrain sont à l'automobile: des machines brillantes, polyvalentes, compactes, faciles à conduire et prêtes à vous suivre dans presque toutes vos folies. Ils ne battront jamais les Ferrari pour la vitesse ni les Cadillac pour le confort, mais essayez donc d'amener votre planche à voile sur les dunes des Îles-de-la-Madeleine en Lincoln ou de grimper le mont Jacques-Cartier pendant l'hiver en Alpine-Renault! Oui, l'ultra-compact, c'est vraiment le 4 x 4 de la photo!

Rêvons un peu...

Le POLYTRONIC CCD 1000
Rêve ou réalité?...

Les lecteurs ne le croiront pas... nous non plus d'ailleurs, mais ce joli «robot» parachuté directement de la planète des singes devait faire son apparition sur le marché au printemps 82. À moins que ce serait un autre poisson d'avril... il s'agirait d'un appareil «tout électronique» (le premier connu) opérant à la manière d'un appareil vidéo-couleur permettant à l'opérateur l'ajustement du contraste, de la densité et de la qualité des couleurs avant même de déclencher; le cadre-viseur faisant état d'écran catodique. La documentation technique qu'on a reçue faisait état d'une mise au point AUTOMATIQUE par ultra-sons en plus d'être monté par un objectif zoom fixe et macro... tenez-vous bien, couvrant les focales de 20 mm... à 210 (incroyable, ouf!). Ce serait l'appareil «panacé» dont nous rêvons depuis 15 ans mais que nous n'attendions pas avant l'an 2000; les concepteurs et fabricants sont américains et se nomment: Polyvisior Electronic and Optical Company. Nous sommes en 86... et il n'est toujours pas là.

La liberté (presque) totale
par la technologie maximale

N'avez-vous jamais rêvé de prendre des photos sans avoir à vous préoccuper de rien d'autre que de mettre en valeur les éléments intéressants de votre sujet? Ne vous est-il jamais arrivé de rater «la photo de l'année» parce que vous n'aviez pas eu le temps de régler votre appareil assez rapidement? N'avez-vous jamais oublié l'un des paramètres d'exposition alors que, dans le feu de l'action, vous cherchiez à fixer sur la pellicule toute la dramatique d'un grand moment quelconque qui, juste à cause de cette petite erreur, n'a pu passer à l'histoire? N'avez-vous jamais frisé la crise d'apoplexie en constatant à la trente-quatrième pose que votre posemètre n'était pas réglé selon l'indice de sensibilité du film que vous aviez mis dans votre appareil? Bref, les «petits problèmes» de la prise de vue ne vous ont-ils jamais presque rendu fou? Oui? Alors rassurez-vous, vous êtes parfaitement normal, intellec-tuellement et psychologiquement parlant au moins! Ras-surez-vous et réjouissez-vous, car il existe aujourd'hui un appareil capable de prendre de lui-même en charge tous les éléments techniques de la réalisation d'une image pho-tographique, vous laissant ainsi l'esprit libre pour consa-crer toutes vos facultés à ses aspects créateurs. Le pied, quoi! Comme disent les Français...

Sérieusement, cet appareil quasi miraculeux existe. Il s'agit du Maxxum 7000, produit par la firme Minolta. En plus d'être automatique, motorisable, programmable et débrayable (c'est-à-dire opérable à la main), le Maxxum est le premier appareil de haut de gamme à permettre la mise au point automatique et, tenez-vous bien, la possibili-té de changer d'objectif. Oui, vous avez bien lu: les objec-tifs du Maxxum sont interchangeables *et* à mise au point automatique. À condition, on s'en doutait, d'utiliser avec le Maxxum des objectifs Maxxum. Il s'agit d'ailleurs là d'une limite qui n'en est pas une car le système, qui n'en est qu'à ses débuts, est déjà fort complet, offrant 6 objectifs fixes s'échelonnant de 24 à 300 mm, un objectif fixe macro de 50 mm et 5 objectifs zoom allant du 28 à 135 mm f/3.5 jusqu'au 70 à 210 mm f/4, tous à mise au point automati-que, je le répète! Et quel système de mise au point! Un petit peu moins rapide que l'oeil mais beaucoup plus que la main! S'ajoutent à tout cela une panoplie de flashes (automatiques et débrayables, cela va sans dire!), des dos de boîtier programmables, des posemètres, des filtres et tous les petits accessoires ordinairement disponibles aux utilisateurs d'appareils de haut de gamme. Et les moteurs d'entraînement? Aucun... car il est intégré à l'appareil (et à haute performance!).

La robotisation, poussée au maximum, permet le charge-ment automatique et le réglage automatique du posemètre (quand on emploie les nouveaux films à codage DX) et la programmation de toutes les fonctions de l'appareil, y compris le déclenchement. Et pour couronner le tout, le Maxxum se met de lui-même au point en pleine obscurité. Comment? Grâce à un signal infrarouge émis par le flash, que le Maxxum «voit» dans le noir et utilise pour faire le foyer de ses objectifs, même quand il fait trop sombre pour que l'opérateur puisse y arriver à la main et à l'oeil nu. Une fois la mise au point ainsi faite, il ne reste plus qu'à déclencher, en utilisant le flash ou la lumière ambian-te! Surpris? Abasourdis? Je n'ai pourtant donné que l'essentiel des caractéristiques du Maxxum 7000. Ceux qui veulent en savoir plus long peuvent demander à leur fournisseur favori de leur faire une petite démonstration de cet appareil qui, pour le moment, est le seul de son espèce. Est-il cependant besoin d'être grand prophète pour prédire que les autres manufacturiers lui donneront bientôt quelques redoutables concurrents?

P.-S.: Et voilà maintenant l'apparition du Maxxum 9000, version améliorée.

2

Les munitions

Les films, en ce qui concerne leur sensibilité à la lumière, peuvent à certains égards se comparer à des lampes électriques de différentes puissances. Comme on nous offre des lampes de 10, 25, 40, 60 ou 100 watts, on nous présente des films possédant divers degrés de sensibilité. Ces niveaux de sensibilité s'inscrivent dans un certain nombre d'échelles de mesure dont la plus courante était il n'y a pas si longtemps celle de l'American Standard Association, que l'on appelait ordinairement l'échelle ASA. Elle a depuis peu changé de nom pour devenir l'échelle ISO, pour International Standard Organization, mais ses normes sont demeurées les mêmes. Selon cette échelle, plus le chiffre est grand, plus le film est sensible à la lumière, plus il est «rapide». Et plus le chiffre est petit, moins il est sensible, plus il est «lent». En clair, une émulsion 200 ISO est une émulsion dont la sensibilité correspond au degré 200 de l'échelle ISO et elle réagit deux fois plus vite à la lumière qu'une émulsion qui serait classée 100 ISO.

DAYLIGHT • *TYPE JOUR*
ISO **25/15°**
ASA **25** | **15** DIN

TUNGSTEN (3200K) | ASA **125**
22 DIN

ISO **125/22°**
ASA **125** | **22** DIN

ISO **400/27°**
ASA **400** | **27** DIN

Quoique cela soit de moins en moins apparent, on peut encore dire que plus un film est rapide, plus son grain est visible et que plus il est lent, plus son grain est fin. À l'utilisateur donc de découvrir le compromis idéal entre ses besoins et les capacités de sensibilité et de précision des émulsions disponibles. En règle générale, on choisit un film rapide (en noir et blanc ou en couleurs) quand l'éclairage est faible ou quand il faut enregistrer des mouvements rapides dans des conditions de lumière de moyenne qualité, tandis que lorsqu'on se trouve dans un milieu très bien éclairé on a tout intérêt à employer une émulsion relativement lente, de l'ordre de 125 ou 200 ISO. Ajoutons enfin que la nouvelle pellicule XP-1 de Ilford tend à contredire ce vieux principe, puisque la qualité des images qu'elle produit augmente au même rythme que sa sensibilité (voir page 27).

Les différentes échelles de sensibilité des émulsions photographiques

Tel que mentionné tantôt, il existe plusieurs manières d'évaluer et de graduer le niveau de sensibilité à la lumière que possèdent les diverses émulsions photographiques. Parallèlement à l'échelle des indices de sensibilité ISO

ISO	DIN	GOST	WESTON	SCHEINER
6	9	12	5	19
8	10	16	6	20
10	11	20	8	21
12	12	25	10	22
16	13	32	12	23
20	14	40	16	24
25	15	50	20	25
32	16	65	24	26
40	17	80	32	27
50	**18**	100	40	28
64	19	125	50	29
80	20	160	64	30
100	**21**	**200**	**80**	31
125	22	230	100	32
160	23	320	125	33
200	**24**	**400**	**160**	34
250	25	500	200	35
320	26	650	250	36
400	27	**800**	**320**	37
500	28	1000	400	38
650	29	1250	500	39
800	30	1600	650	40
1000	31	2000	800	41
1300	32	2500	1000	42
1600	33	3000	1300	43

dont j'ai déjà parlé, on connaît les échelles DIN, GOST, WESTON et SCHEINER. Elles sont encore employées dans certains pays et, ce qui est plus important, elles ont été utilisées jusqu'à tout dernièrement pour graduer un très grand nombre de posemètres, intégrés ou non à nos appareils-photo.

Les indices ISO, GOST et WESTON suivent une progression arithmétique. Ainsi, en consultant le tableau à la page précédente, on constatera que les émulsions 200 ISO, 400 GOST ou 160 WESTON sont deux fois plus rapides que les émulsions 100 ISO, 200 GOST et 80 WESTON. Les échelles DIN et SCHEINER sont conçues différemment. Leur sensibilité double chaque fois qu'ils augmentent de trois degrés. Par exemple, un film 21 DIN est deux fois plus rapide qu'un film 18 DIN et deux fois plus lent qu'un autre marqué 24 DIN.

Le film noir et blanc

Il n'est pas exagéré de dire que les amateurs du travail «au noir» (qui exercent leur art dans les chambres de cette couleur) se servent majoritairement des émulsions en noir et blanc. Ceux qui préfèrent la couleur ont souvent fait leur apprentissage en employant ces mêmes films, qui leur ont permis d'affiner leur sensibilité en prenant conscience de l'importance des «tons» de noir et de blanc, de leur harmonisation, de leur équilibre et de leurs contrastes, et du jeu des différentes nuances de gris que produisent les diverses émulsions noir et blanc, qu'il serait d'ailleurs plus juste d'appeler «monochromes». À leur souplesse d'emploi bien connue s'ajoute une capacité remarquable à supporter sans trop de dommage une petite «poussée» qui rend souvent de grands services.

C'est l'expérience du noir et blanc qui nous ouvre les yeux, aiguise notre perception des choses qui nous entourent et nous fait découvrir, sans interférence chromatique, les formes, les gammes de tons, les lignes, les dessins et les textures. C'est elle qui, inconsciemment, nous amène à maîtriser la composition de nos images. Les caractéristiques des diverses émulsions monochromes varient considérablement. Le tableau ci-après les décrit brièvement, en regroupant les films qui, d'une marque à l'autre, présentent une certaine similitude.

TABLE DES INDICES DE SENSIBILITÉ ET PRINCIPALES CARACTÉRISTIQUES DES ÉMULSIONS NOIR-BLANC

	Fabricants	ISO	Format Nombre de poses	Caractéristiques — Graduation Divers — Usages
Faible sensibilité	Agfapan	25	135-24-36	Films particulièrement intéressants pour effectuer des tirages grands formats (expositions, affiches, etc.), car ils fournissent des épreuves qui sont à toutes fins utiles dépourvues de grain. Ils permettent d'obtenir une bonne gradation de tons, même si leur contraste est un peu plus prononcé que celui des films plus rapides. Leur latitude de pose est aussi, par rapport à eux, légèrement inférieure.
	Kodak Panatomic-X	32	120-12 135-24-36	
	Ilford Pan-F	50	120-12 135-24-36	
Sensibilité moyenne	Agfapan	100	120-12 135-24-36	Latitude de pose nettement améliorée. Ces émulsions donnent leur pleine mesure quand les sujets reçoivent leur éclairage de plusieurs sources, entre autres des scènes fortement éclairées (plage, neige, etc.) et d'autres que l'on retrouve en début, ou en fin de journée.
	Kodak Verichrome-Pan	125	110-126 120-12	
	Kodak Plus-X Pan	125	120-12 135-24-36	
	Ilford-FP4	100	120-12 135-20-36	
	Kodak Infra-rouge — Hie	Sans filtre 80 jours	Avec filtre 25 50 jours	Pour faire des effets spéciaux et pour «pénétrer» les brumes et brouillards de nos Maritimes... ou de la grande ville!
	Kodak Infra-rouge — Hie	Sans filtre 200 tungstène	135-36	
Grande sensibilité	Agfapan	400	120-12 135-24-36	Ce sont là nos émulsions «tout terrain», nos vrais «hommes (femmes?) à tout faire», que l'on soit professionnel ou amateur, surtout si on aime travailler à la lumière ambiante et mettre son flash en congé. Très sensibles en usage normal, ils peuvent être «poussés» au-delà de 1 600 ASA, ce qui confirme leur grande latitude de pose. Ces films sont tout indiqués dans les situations où l'éclairage est faible et lorsque l'on doit utiliser des temps de pose très courts. Ceux qui font du photo-reportage en consomment des quantités éléphantesques!
	Ilford HPS	400	120-12 135-20-36	
	Kodak Tri	400	120-12 135-24-36	
Très grande sensibilité	Agfa Isopan Record	1000	120-12	De caractère un peu spécial, ces films sont loin d'être en usage courant. Ces «super-sensibles» s'emploient principalement dans les endroits où l'éclairage est presque inexistant et ils peuvent réagir à la lumière d'une allumette ou d'une chandelle. On comprendra qu'ici la beauté de la performance doit excuser une certaine grossièreté sur le plan de la qualité technique...
	Kodak Royal-X	1250	120-12	
	Kodak Recording 2475	1000 à 4000	135-36	
Spécial	Ilford XP-1	50 à 1600	120-12 135-20-36	Un tout nouveau type de film. Son émulsion est constituée de colorants, au lieu des traditionnels sels d'argent. Sa latitude de pose est imminente, s'étendant de 50 à 1 600 ISO. Traitement de type C-41 (voir page 27).

N.B.: Les descriptions de ces graduations ne sont valables et applicables que si l'on s'en tient aux recommandations de traitement suggérées par leurs fabricants respectifs.

Les films en couleurs

L'usage du film en couleurs oblige à tenir compte d'une donnée que l'on peut négliger quand on se sert de pellicule en noir et blanc. Il s'agit de la «teinte», pratiquement invisible à l'oeil nu, des sources d'éclairage des sujets à photographier. Si nos yeux s'adaptent assez facilement à ces différences et nous laissent percevoir des couleurs qui nous semblent presque toujours naturelles, il en va autrement des émulsions photographiques, à tel point que l'on peut franchement parler d'incompatibilité entre elles et certains éclairages.

Ainsi, les films «lumière du jour», qu'ils soient «chromes» ou «color», voient «rouge» s'ils sont exposés à une lumière autre que celle du «jour», dont la «température» est établie à 5 500° K. Il faut noter que la lumière du début et de la fin de la journée n'est pas, aux «yeux» des émulsions en couleurs, de la vraie «lumière du jour»... et qu'ils la voient «rouge» comme celle d'une vulgaire ampoule électrique.

Les films conçus pour être utilisés avec des lampes à filament de tungstène voient «bleu» si on les expose, volontairement ou par erreur, à la lumière du jour (voir section en couleurs).

Les émulsions «color» sont plus tolérantes face aux variations d'éclairage, dont les effets peuvent être pratiquement supprimés si l'on «travaille» les tirages en laboratoire (il s'agit, ne l'oublions pas, de pellicules négatives). Évidemment, n'importe quel type de film peut être exposé à n'importe quel éclairage si l'on interpose entre les deux le filtre correcteur adéquat. Pour mieux comprendre la question (et vous éviter bien des casse-tête), je vous suggère de consulter le tableau dans la section en couleurs.

Les «color» et les «chrome»

Sur le marché du film en couleurs, on ne trouve guère aujourd'hui d'autres produits que ceux de quatre fabricants qui sont, on s'en doute, les plus gros : Kodak, Fugi, Agfa, 3-M et maintenant Ilford. Comme dans le cas des films en noir et blanc, les films en couleurs se classent selon leur degré de sensibilité à la lumière, et suivant les mêmes échelles : ISO, DIN, etc. On en trouve deux types : les «négatifs» et les «inversibles». Les premiers peuvent, comme les films en noir et blanc, être tirés sur papier; leurs noms commerciaux se terminent par le suffixe

**TABLEAU COMPARATIF des émulsions couleurs disc-110 - 126
et 35 mm et de l'emploi des filtres de conversion:
«jour», «tungstène» ou inversement**

	TYPE DE FILM COULEUR (1)	Source de lumière	«jour» ISO	Filtre de conversion Flood 3400k	Flood 3200k	Format Nombre de poses	Type et lieu de traitement
				80-B	80-A		
POUR ÉPREUVES SUR PAPIER	Kodacolor Cur-disc	LUMIÈRE DU JOUR — FLASH ÉLECTRONIQUE ET LAMPE AU TUNGSTÈNE BLEUE	200	—	—	15	CES FILMS SONT TRAITÉS DANS LES LABORATOIRES COMMERCIAUX SUIVANT LE PROCÉDÉ C-41
	Kodacolor 110		200	64	50	12-24	
	Kodacolor 126		200	64	50	12-24	
	Kodacolor VR		100	32	25	12-24-36	
	Kodacolor VR		200	64	50	12-24-36	
	Kodacolor VR		400	125	100	12-24-36	
	Kodacolor VR		1000	360	250	12-24-36	
	Fujicolor Disc		200	—	—	15	
	Fujicolor 110		200	64	50	12-24	
	Fujicolor 126		200	64	50	12-24	
	Fujicolor HR		100	32	25	12-24-36	
	Fujicolor HR		200	64	50	12-24-36	
	Fujicolor HR		400	125	100	12-24-36	
	Fujicolor HR		1600	360	250	12-24-36	
POUR DIAPOSITIVES COULEUR	Kodachrome*		25	8	6	24-36	Seul KODAK en Ont. ou Vanc.
	Kodachrome		64	20	16	24-36	
	Kodachrome	Tungs. NB 3400	+85-B 25	Normal 40	+82-A 32	36	
	Ektachrome	«JOUR» - FLASH ET LAMPE BLEUE	100	32	25	24-36	TOUS LES LABORATOIRES COMMERCIAUX SUIVANT LE PROCÉDÉ E-6
	Ektachrome		200	64	50	24-36	
	Ektachrome		400	125	100	24-36	
	Ektachrome prof.**		800-1600	260-500	200-400	36	
	Ektachrome High speed	Tungs. 3200 k	+85-B 100	+81-A 125	Normal 160	24-36	
	Fujichrome RD	JOUR - FLASH ET LAMPE BLEUE	50	16	12	24-36	
	Fujichrome RD		100	32	25	24-36	
	Fujichrome RD		400	125	100	24-36	

N.-B. À cette liste s'ajoutent les films suivants:
Agfacolor de 100, 200, 400, 1000 ISO
Agfachrome -RS de 50, 100, 200, 1000 ISO
Ilfochrome de 50, 100, 200, 1000 ISO
Ilfocolor de 100, 200, 400, 1000 ISO
(1) Cette liste n'est pas exhaustive; Kodak offre une panoplie de films dits «professionnels dans les formats 35mm, 120 et 220.

Bientôt les films 20 poses seront remplacés par des 24 poses.

Tous ces films sont dotés du code D-X permettant un affichage *automatique* de la sensibilité ISO sur les appareils modernes à lecture D-X.

*Si les émulsions Kodachrome affichent sur la boîte d'emballage KR-P, la lettre «P» signifie que le coût du traitement est *payé à l'achat*; *l'absence* du «P» suggère à l'usager qu'il devra *payer* pour le traitement sur réception de son film.

**Ce film 800-1600 peut être exposé et traité à l'un ou l'autre de ces indices pourvu qu'on l'indique sur la bobine à un endroit prévu à cet effet.

«color», tels le Kodacolor ou le Fugicolor. Les films inversibles, quant à eux, donnent des images translucides que l'on emploie généralement pour faire de la projection, sous forme de diapositives. Leurs noms se terminent habituellement par «chrome», comme l'Ektachrome ou l'Agfachrome.

Les «color»

Ces films produisent une image négative en couleurs complémentaires et permettent d'obtenir d'excellentes épreuves positives en couleurs sur support de papier. Les albums «ethnogénéalogiques» des amateurs en regorgent. Ces émulsions ont l'avantageuse particularité d'être douées d'une latitude de pose assez large, ce qui signifie en clair que les petites (et parfois les grandes) erreurs d'exposition peuvent être corrigées sans trop de mal par un laborantin expérimenté. La sensibilité chromatique de ces films est conçue de façon à rendre des couleurs «naturelles» quand on les expose à la lumière du jour ou à une lumière qui présente, au moins en partie, des caractéristiques semblables telles que celle des flashes électroniques, celle des lampes-éclair au magnésium bleues ou celle des lampes à filament de tungstène bleues. Certaines de ces émulsions réagissent assez bien aux éclairages artificiels, mais les résultats sont meilleurs si l'on fait usage d'un filtre numéro 80A quand on emploie des lampes de 3 200° K, et d'un filtre 80B dans le cas des lampes de 3 400° K. Il est possible de tirer des épreuves en noir et blanc en utilisant des négatifs en couleurs ; le papier photographique Kodak «Panalure» est le seul et il donne d'excellents résultats.

Les «chrome»

Les émulsions en couleurs de ce type nous donnent des images positives et translucides auxquelles la pellicule elle-même sert de support définitif. Ces images n'ont donc pas, à proprement parler, de négatif. De cela, deux conséquences pratiques. Premièrement, si l'on veut regarder ces photos sans projecteur ni visionneuse, il faut en faire tirer des copies sur papier, ce qu'il est possible d'obtenir partout où l'on offre des services de développement de photos et avec des résultats très satisfaisants. On peut tout aussi aisément se procurer des négatifs de ces images.

Deuxièmement, il est essentiel de faire tirer des «copies de protection» des images auxquelles on tient beaucoup si jamais elles se trouvent dans une situation où elles risquent d'être perdues ou détruites : expositions, concours, spectacles, envoi postal, etc. Alors que les « color » ne comportent qu'une sorte d'émulsion, à laquelle l'usage des filtres confère la flexibilité nécessaire pour s'adapter aux diverses sources d'éclairage, les « chrome », en revanche, sont de deux types : les « lumière du jour » et les « tungstène ». Toutes les indications pertinentes à l'emploi de chacune de ces émulsions sont clairement énoncées dans la notice qui les accompagne. Voir la question des filtres « froids » et « chauds » dans la section couleurs.

Un film révolutionnaire ! *

Je veux vous parler ici du film Ilford XP-1 400ISO, que certains commencent presque à considérer comme la panacée aux problèmes de prise de vue. Je n'oserais affirmer qu'ils ont raison, sans toutefois prétendre qu'ils ont tort ! Je l'ai moi-même essayé (sous le format 120, 6 x 6 cm) et j'en suis resté bouche bée. Ceux qui me connaissent savent que chez-moi l'exploitation des prises de vue à contre-jour touche à la manie. J'avais donc, comme d'habitude, le soleil en pleine face quand j'ai exposé à 1/250 de seconde les douze clichés d'un même rouleau

* Noir et blanc, développement couleurs C-41.

de film, à tous les crans et demi-crans d'ouverture du diaphragme de f/4 à f/22. Les résultats? Si-dé-rants! Très peu de différence de densité d'un cliché à l'autre, quasiment pas de grain et tous les clichés sont tirables. Comme latitude de pose, c'est du jamais vu! Le cliché du milieu du rouleau, tiré sur papier Ilfospeed numéro 3, a donné l'image de la page 27. J'ai «forcé» légèrement la partie du haut (où figure le soleil) par rapport à celle du bas afin de «cimenter» un peu mieux l'arrière-plan. Voici d'ailleurs ce que les fabricants du nouveau film disent eux-mêmes de leur produit:

ILFORD XP1 400

Produits chimiques de traitement spécialement destinés au film XP1 400 rapide noir et blanc, à grain fin

ILFORD XP1 400 est un film noir et blanc issu d'une technologie nouvelle. C'est un film exceptionnel qui combine la haute rapidité d'un film 400ASA 27DIN au grain extrêmement fin d'un film de rapidité moindre. Les remarquables propriétés de XP1 400 évitent désormais aux photographes d'avoir à trouver un compromis entre le grain et la rapidité: XP1 400 permet en effet de prendre des images de la plus haute qualité qui soit même lorsqu'un film de haute rapidité est nécessaire.

Le film XP1 400 possède aussi une très vaste latitude d'exposition, et peut être exposé sur une plage de 50 à 1600ASA 18 à 33DIN. Du fait même de ces propriétés, il offre une remarquable sécurité en cas de sous-exposition ou de surexposition accidentelle, tout en étant doté d'une grande souplesse d'utilisation. Le XP1 400 peut subir un développement poussé à 1600ASA 33DIN pour les photographies par éclairage médiocre, et, sur le même film, il peut être surexposé à 200ASA 24DIN pour parvenir à un grain plus fin encore. Sur l'ensemble de cette vaste plage d'exposition, un développement normal est recommandé.

Les produits chimiques XP1 sont tout spécialement conçus pour optimiser les remarquables propriétés du film XP1 400. Ces produits sont livrés en concentrés liquides; ils sont faciles à mélanger et sont prévus pour un traitement à bain perdu. Les produits chimiques XP1 sont composés du révélateur XP1 fourni en trois produits distincts, et de la solution de blanchiment-fixage XP1, livrée sous forme de deux produits.

Connaître l'exposition

Charger et décharger comme recommandé par le fabricant de l'appareil photo, en lumière diffuse.

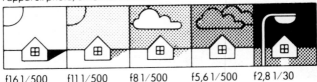

| f16 1/500 | f11 1/500 | f8 1/500 | f5,6 1/500 | f2,8 1/30 |

3

Les accessoires

Les filtres pour la photo en noir et blanc

Les filtres sont de petits accessoires qui ont de grands effets. Dans le domaine de la photo en noir et blanc, ils modifient le rendu des teintes et atténuent ou amplifient les couleurs des objets que l'on photographie. À toutes fins utiles, on peut considérer qu'ils «retiennent» ou «laissent passer» sélectivement une partie des ondes du spec-

tre électromagnétique. Ils ont ainsi le pouvoir d'éclaircir, par exemple, les feuilles d'un arbre ou d'assombrir le ciel, ce qui nous permet, par divers jeux de composition, de donner du relief aux images des scènes que nous prenons en photo. Comme ils «enlèvent» ou «ajoutent» de la lumière à nos sujets, nous devons lorsque nous nous en servons modifier les temps de pose en conséquence. Heureusement pour eux, ceux qui possèdent un appareil doté d'un posemètre à lecture TTL (pour «Through The Lens») n'ont pas à se préoccuper de ces ajustements supplémentaires car leur posemètre, évaluant le niveau de lumière par derrière les filtres, tient compte automatiquement du changement de luminosité *. Les autres sont obligés de modifier «à la main» leurs coordonnées d'exposition suivant le coefficient de réduction de la luminosité propre à chaque filtre.

Dans la «vie quotidienne» de la photographie en noir et blanc, le principal et, pratiquement, le seul effet des filtres est de modifier le contraste entre les tons des différentes parties d'une image. Puisque, par définition, un filtre d'une certaine couleur ne laisse passer que les radiations *de sa propre couleur* et n'absorbe, à des degrés divers, que les radiations des autres couleurs formant la couleur blanche, on conçoit que le filtre

JAUNE moyen puisse rendre plus clair, sur une épreuve, LE JAUNE, LE VERT ET L'ORANGE ET ASSOMBRIR LE BLEU.
(coefficient de pose x 1,5)

VERT moyen puisse rendre plus clair, sur une épreuve, LE VERT ET ASSOMBRIR LE VIOLET, LE ROUGE ET LE BLEU.
(coefficient de pose x 4)

ROUGE moyen puisse rendre plus clair, sur une épreuve, LE ROUGE, L'ORANGE ET LE JAUNE ET ASSOMBRIR LE BLEU ET LE VERT.
(coefficient de pose x 8)

Tous ces filtres existent en différents degrés de densité. Leurs effets sont plus ou moins marqués suivant l'importance de celle-ci ou, en d'autres termes, selon le degré de résistance que le filtre manifeste au passage de la lumière de telle ou telle couleur.

---

* Pour les filtres rouges et polarisants, on constate souvent que la modification de temps de pose suggéré par le posemètre intégré d'un appareil ne correspond pas au coefficient de pose proposé par le fabricant; il diffère parfois d'un cran complet pour ces deux filtres. Il est fortement suggéré d'établir soi-même son coefficient de pose ou de s'en tenir à celui du fabricant.

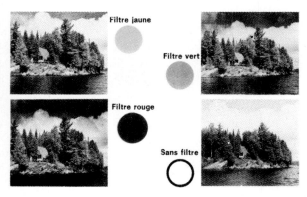

Comme un exemple vaut mille mots, voici une illustration des effets que peuvent avoir différents filtres sur une même scène au même moment. Les résultats, comme je l'ai dit, sont susceptibles de varier en fonction de la densité des filtres utilisés.

Incidemment, comme le verre de n'importe quel filtre absorbe l'ultraviolet, il est inutile d'ajouter un filtre anti-ultraviolet à l'un ou l'autre des filtres que nous venons de mentionner.

Signalons enfin que les filtres jaunes et orange moyen sont traditionnellement les plus utilisés pour prendre en photo des scènes dans lesquelles figurent des personnages. Ils rendent aux tons du ciel et de la peau leurs valeurs naturelles. Sans l'usage d'un filtre, il arrive souvent que le ciel et les nuages, dont les tons ont des valeurs très voisines, soient confondus en un même espace presque uniformément gris. Le tableau suivant résume les effets que l'on peut obtenir par l'utilisation des différents filtres colorés en photographie en noir et blanc.

Les effets des filtres sur les émulsions en noir et blanc

Couleur du sujet	Couleur du filtre pour obtenir une teinte plus claire	Couleur du filtre pour obtenir une teinte plus foncée
Violet	bleu	vert/jaune/orange/rouge
bleu	bleu	orange/rouge
vert	vert/orange	bleu/rouge
jaune	vert/jaune/orange/rouge	bleu
orange	jaune/orange/rouge	bleu/vert clair
rouge	rouge	bleu/vert
pourpre	bleu	vert
brun	orange/rouge	bleu
rose (peau)	rouge	vert

Le filtre polarisant

Le premier effet du filtre polarisant est d'éliminer les rayons lumineux parasites présents dans une scène que l'on veut photographier. Il permet aussi d'éliminer tous les reflets qui proviennent de n'importe quelle surface NON métallique. Il assombrit également la teinte du ciel et augmente la saturation des couleurs. Ces effets sont aussi marqués en noir et blanc qu'en couleurs. Il remplace souvent avec avantage les filtres anti-ultraviolets et antibrouillard. Deux restrictions cependant. D'abord, son effet ne se fait pleinement sentir qu'au moment où l'axe de l'objectif fait un angle d'environ 35 degrés avec la surface réfléchissante. En second lieu, il réduit la luminosité de l'objectif suivant qu'il est plus ou moins «fermé», c'est-à-dire selon que son action est plus ou moins importante. On contrôle celle-ci en faisant tourner le filtre vers la gauche ou vers la droite devant l'objectif. En position d'effet maximal, il assombrit sensiblement l'image (en retenant une partie de la lumière non polarisée) et oblige à augmenter d'un demi à deux crans le coefficient de pose normal.

Lorsqu'on utilise un appareil reflex à posemètre dont le posemètre intégré effectue sa lecture à travers l'objectif, on fait la mise au point en mettant le filtre à sa position la plus claire. On l'ajuste ensuite à sa convenance et on règle l'appareil selon les nouvelles données d'exposition que l'on obtient alors. Avec les autres sortes de posemètres, on établit l'exposition en fonction du coefficient de correction suggéré par le fabricant du filtre. Le tableau à la page 34 montre dans quelles proportions il convient d'augmenter l'exposition en fonction des coefficients différents que peuvent avoir les filtres, qu'ils soient polarisants ou non.

Le filtre anti-ultraviolet et à densité neutre

Ce filtre est conçu pour atténuer les effets du voile atmosphérique et son action est particulièrement remarquable sur les émulsions en couleurs. Il «voit» dans la brume, du moins la brume légère, et réduit aussi la dominante bleue de la neige. Comme son action (bénéfique!) est toujours discrète, nombre de photographes le laissent en permanence sur leur objectif, un peu comme ils le font du pare-soleil. Ils en retirent ainsi un avantage secondaire qui n'a rien de négligeable, puisque c'est alors le filtre, et non la lentille avant de l'objectif, qui prend les mauvais coups, ramasse les poussières et récolte les marques de doigts que même les opérateurs les plus soigneux ne réussissent pas toujours à éviter. Et quand il en a assez, le filtre peut être changé pour une somme bien inférieure au coût d'une réparation d'objectif. L'emploi de ce filtre, soulignons-le, n'impose aucune modification des coordonnées normales d'exposition.

Le filtre UV skylight (ultra-violet)

Le filtre de densité neutre

Ces filtres, que l'on appelle aussi «filtres gris neutres», servent à réduire la quantité de lumière admise dans l'appareil. Ils permettent de réaliser des prises de vues à grande ouverture, même si le niveau de l'éclairage est élevé. Ils facilitent également la réalisation de flous et de prises de vues à fond ou à sujet «filé» (voir page 110). Les filtres de ce genre qui sont les plus courants figurent au tableau suivant:

Les filtres de densité neutre les plus en usage

Densité	Multiplier le temps de pose par	Ou ouvrir le diaphragme de
0,30	2	1 division
0,60	4	2 divisions
0,90	8	3 divisions

Les filtres «froids» et les filtres «chauds»

Voir «section en couleurs» pour graphique et description.

Le coefficient des filtres pour la couleur et le noir et blanc

Relation entre la valeur f/ et le coefficient du filtre

Coefficient du filtre	Valeur f/ en plus	Coefficient du filtre	Valeur f/ en plus
1X	—	4X	2 crans
1.2X	1/4	4.5X	2 1/4
1.25X	1/3	5X	2 1/3
1.4X	1/2	5.7X	2 1/2
1.6X	2/3	6.4X	2 2/3
1.7X	3/4	6.8X	2 3/4
2X	1 cran	8X	3 crans
2.4X	1 1/4	9.5X	3 1/4
2.5X	1 1/3	10X	3 1/3
2.8X	1 1/2	11.4X	3 1/2
3.2X	1 2/3	12.6X	3 2/3
3.4X	1 3/4	13.5X	3 3/4
		16X	4 crans
		32X	5 crans

L'action d'un filtre sur la lumière est toujours soustractive. Cette diminution doit être compensée par une augmentation du temps de pose. Chaque filtre, selon sa densité et sa couleur, s'est vu attribuer un coefficient, qui est un chiffre par lequel il convient de multiplier le temps de pose normal pour obtenir une exposition satisfaisante de pellicule malgré le changement que son emploi a pu amener à la luminosité originale de l'objectif. Ce coefficient, déterminé et fourni par le fabricant du filtre, est souvent inscrit sur la monture même du filtre. Le tableau qui précède indique comment il faut modifier les coordonnées d'exposition en fonction des différents coefficients que les filtres sont susceptibles d'avoir reçus.

La rage des filtres « créatifs »

Depuis cinq ou six ans persiste un engouement tout à fait démesuré pour ce qui fait nouveau, inédit, différent, pour ce qui, en un mot, et si je puis me permettre l'expression, étonne le péquenaud. Et notre âge étant ce qu'il est, il n'a pas tardé à industrialiser et à commercialiser l'affaire en nous proposant, quand nous avons atteint les limites naturelles de notre imagination, toute une panoplie de filtres dits « à effets spéciaux ». Ils se présentent sous toutes sor-

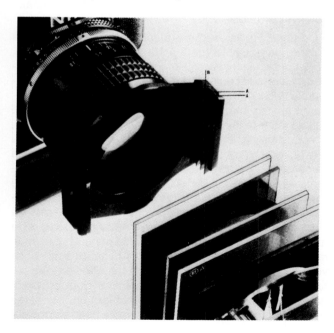

tes de couleurs et de formes: pastels, sépia, prismes, «graduated», etc. Il en est qui sont spécialement destinés à la double exposition, d'autres qui exploitent le phénomène de la diffraction.

Il y a aussi les filtres «générateurs d'étoiles» à différents nombre de branches (de 2 à 16, si je me souviens bien), ceux qui simulent la brume, ceux qui fournissent des images multiples et ceux qui diffusent la lumière, en vous laissant le choix entre six couleurs, autour d'une trouée centrale transparente. S'ajoutent à cela une bonne douzaine de caches à fenêtre de diverses formes: trou de serrure, coeur, jumelles, etc. Somme toute, de quoi amuser les amateurs pendant un moment... avec quelques-unes des idées qui avaient ravi nos grands-parents et que nos parents avaient jetées aux oubliettes en même temps que bien d'autres «vieilles affaires» d'un «bon vieux temps» qui, heureusement ou malheureusement, n'était plus de leur époque. Mais, comme disait je ne sais plus qui, si le fou invente la mode, le sage la suit. Je me suis donc moi-même aussi (discrètement!) mis à la page. Et si la chose vous tente le moindrement, je vous conseille d'en faire autant car le monde dans lequel on pénètre alors est fascinant. L'ensemble porte-filtre, car il en faut un, ces filtres ne s'adaptant généralement pas directement aux objectifs, est accompagné d'un livret d'instruction extrêmement persuasif qui, si on l'utilise avec intelligence, peut mettre sur la voie d'expériences fort intéressantes, donnant des résultats qui font accéder à «l'autre dimension», «la prochaine vague de l'autre dimension», comme qui dirait!

L'autre point à se rappeler cependant, et dont on se garde bien de parler dans le fameux dépliant, c'est que ces filtres «créatifs» ne donneront pas d'idées créatrices à ceux qui en manquent, pas plus que le pinceau de Picasso n'a le pouvoir de changer n'importe quel «sans dessin» en un génie de l'art abstrait. J'éprouve personnellement une affection spéciale pour les filtres «graduated», qui sont particulièrement intéressants pour ceux qui, comme moi, aiment photographier avec le soleil en pleine face. La moitié supérieure de ces filtres est très dense, ce qui permet d'atténuer les effets de brillance du soleil et d'équilibrer de cette façon l'écart existant entre la luminosité du ciel et celle du sol. Ils permettent encore d'enjoliver avec bonheur les couchers de soleil un peu hâtifs, en apportant au ciel et à l'horizon des nuances de brun doré passablement réalistes. Quant aux autres, il faut les essayer au rythme de sa sensibilité et de ses inspirations sentimentaux-poétiques...

4

La composition

Le secret d'un bon cadrage

Vous êtes-vous déjà arrêté à penser à ce qui se produit en vous quand vous apercevez une image que vous jugez «bonne»? Presque à chaque fois, il s'y trouve un élément qui vous «accroche», qui vous «prend par le bras» ou «par derrière» et qui retient votre attention, que vous portez ensuite sur le reste de la scène représentée. Si vous voulez que vos photos impressionnent favorablement les gens (à commencer par vous-même!), il est important que chacune d'entre elles comporte un centre d'intérêt, un élément dominant, en un mot, un point fort. C'est cette espèce d'étincelle qui ira chercher l'oeil de l'observateur et l'amènera à s'intéresser aux autres détails de votre image. Et la première condition pour que ce point fort remplisse efficacement son rôle, c'est qu'il soit clairement visible, et non perdu dans tout un fouillis de textures et d'éléments de distraction. Et nous touchons ici aux deux principales erreurs commises par les photographes débutants. Ceux-ci, pressés de déclencher, négligent souvent de porter attention à l'arrière-plan de leur image, à son «fond de scène» qui renferme parfois un détail important, caractéristique de la scène et digne d'être conservé ou mis en valeur. Par ailleurs, les débutants ont tendance à oublier d'éliminer ce que les théoriciens de la communication appellent «le bruit», c'est-à-dire les détails inutiles, en avant, à côté ou en arrière du sujet principal et qui non seulement ne lui ajoutent rien mais diminuent son impact en distrayant notre attention.

Il importe donc de tourner l'oeil sept fois dans le viseur avant de déclencher et se souvenir qu'il faut :

☐ éviter de gaspiller de l'espace en s'éloignant inutilement du sujet ;

☐ cadrer étroitement sur la (ou les) partie(s) importante(s) du sujet ;

☐ éliminer du cadre tous les détails inutiles, en se déplaçant si nécessaire ;

☐ éviter que la ligne d'horizon ne coupe l'image en deux parties égales (voir plus loin la théorie des tiers).

Ne placez pas votre sujet devant un arbre ou un poteau : vous donneriez l'illusion que ceux-ci lui sortent de la tête. À moins, là encore, que vous ne désiriez volontairement faire une blague.

Composer une image

La composition d'une photo ne se limite pas à centrer un sujet et à appuyer sur le déclencheur. Il est essentiel, à un moment donné, et ne serait-ce que pour un instant, de dépasser la technique pour «voir» à ce que les éléments qui composent la scène photographiée «tombent au bon endroit» dans le cadre du viseur. Le temps est à penser en termes de «contenu» plutôt que de «contenant». Et faire flèche de tout bois, exploiter les motifs et les lignes qui se présentent, qu'elles soient courbes, droites, parallèles, obliques, convergentes ou radiantes, et s'en servir pour diriger le regard du spectateur vers le sujet principal et l'y maintenir, ou pour faire ressortir celui-ci en avant d'un fond qui le mette en évidence ou au centre d'un cadre qui

1 Plan général inutile qui rend difficile
  l'identification des sujets.
2 Plan «trois-quarts» beaucoup plus souhaitable.
3 Gros plan qui nous fait voir qui est qui.

souligne son importance. Bref, la composition est l'art de disposer avec goût et intelligence les différents éléments d'une scène afin d'en arriver à créer un ensemble harmonieux, à l'intérieur duquel chacun de ces éléments occupe l'espace qui lui revient de par son importance relative dans cet ensemble.

La règle des tiers

Cette règle nous vient des Grecs de l'Antiquité et le fait qu'elle ait résisté depuis lors aux assauts de tous les réformateurs de l'art ou de la pensée suffit déjà pour donner une idée de son bien-fondé. On a depuis longtemps mis en pièces les théories philosophiques et esthétiques à partir desquelles on l'a élaborée, mais la règle demeure et les peintres, les dessinateurs, les graphistes et les photographes continuent de l'employer encore aujourd'hui. Cette règle suggère de placer le sujet principal d'une image, son point fort ou son centre d'intérêt à l'un ou l'autre des points d'intersection de quatre lignes imaginaires (genre tic-tac-toc) partageant le champ de visée en neuf rectangles égaux. Rien n'empêche de situer le sujet principal au centre géométrique du cadre de l'image (donc à l'intérieur du tiers central), mais cela peut à la longue devenir monotone et n'est pas toujours efficace. Au lieu de suivre ce procédé, qui est celui de la composition formelle, on a donc souvent avantage à prendre celui des quatre centres dynamiques ou, comme on l'appelle également, de la composition non formelle.

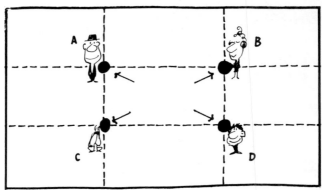

● *Le dessin ci-dessus nous montre ces quatre points forts ou lignes fortes. À noter que les sujets en mouvement sont photographiés en se déplaçant ou en regardant vers l'autre ligne.*

En pratique, on s'y prend de cette manière-ci:
a) on divise mentalement l'image en trois parties égales dans le sens vertical et on fait la même chose
dans le sens horizontal, tel qu'illustré par le dessin;
b) on effectue la prise de vue en situant son sujet principal à l'un ou l'autre des quatre points où les lignes
se recoupent.

Les sujets qui ont un avant ou un arrière, qui possèdent un
sens de déplacement ou qui sont en mouvement ont souvent avantage à être photographiés tournés, regardant ou
se déplaçant d'une ligne vers l'autre.

La ligne d'horizon peut être située sur l'une ou l'autre des

deux lignes horizontales, suivant que ce qui est en bas ou ce qui est en haut a le plus d'importance. Éviter en tout cas de lui faire diviser l'image en deux parts à peu près égales. Quand toutes les choses ont la même importance, rien n'a plus d'importance!

Les lignes jouent dans la composition un rôle vital, et cela quel que soit leur sens. Au photographe d'en exploiter les propriétés à son profit. À lui aussi d'observer les effets qu'elles ont naturellement sur lui et sur les autres personnes, car en ce domaine, la variété est tellement grande que je ne puis énumérer ici toutes les possibilités. Je me

Suivant que le ciel ou la neige est le plus intéressant, on cadrera au tiers du haut plutôt qu'à celui du bas.

bornerai à rappeler que les lignes verticales ou parallèles suggèrent la grandeur, la dignité et la noblesse. Les horizontales, quant à elles, suggèrent plutôt la tranquillité, le repos et le calme... pourvu qu'elles ne coupent pas l'image par la moitié!

5

Les objectifs

Ce que «voient» les «yeux» de votre appareil...

Le champ des objectifs

Le champ d'un objectif est la portion de l'espace dont il forme une image. L'angle qui existe entre les bords du champ et le centre optique de l'objectif varie avec la distance focale et se nomme angle de champ. Le tableau ci-contre en donne une liste théorique et générale. Des caractéristiques autres que la distance focale peuvent en effet influencer le résultat et le rendre différent d'un fabricant à un autre. Par ailleurs, ces données sont établies pour un objectif réglé à l'infini (∞). Les angles diminuent légèrement quand on travaille en macrophotographie, à des distances inférieures à 75 cm.

Le bon objectif pour le bon sujet

Des gens beaucoup plus instruits que moi et d'autres qui le sont sans doute un peu moins vous ont certainement déjà dit qu'il éxistait deux grands types d'appareils photographiques: les «à objectif fixe» et les «à objectif interchangeable». Les mots montrent bien la différence que

Les angles de champ des objectifs

Focale des formats 35 mm	Angles de champ			Format carré 2¼" x 2¼" [5,7 cm x 5,7 cm]	
(24 x 36) (mm)	*diagonal (degrés)*	*horizontal*	*vertical*	*focale (mm)*	*degrés*
7.5	180	cercle	cercle		
10	180	cercle	cercle		
20	94	83	61		
21	92	81	60	38	90
24	84	74	53	40	88
25	80	70	50		
28	74	64	45		
35	62	53	37	50	75
40	57	47	32		
45	50	42	29	55	71
50	46	39	26	60	67
55	43	36	24	65	63
58	41	34	23	80	52
90	27	23	15	100	43
105	23	19	13	105	40
135	18	15	10	150	29
180	13	11	7	180	25
200	12	10	6		
250	10	8	5	250	18
300	8	6	4	300	15
350	7	6	4		
400	6	5	3	400	11
500	5	4	2	500	9
600	4	3	2		
1000	3	2	1		
1200	2	1	1		

l'on entend ainsi souligner. Voyons maintenant la question d'un peu plus près.

Les objectifs fixes

Dans le langage ordinaire, on désigne ainsi, indépendamment de leurs autres caractéristiques, les objectifs qui demeurent perpétuellement solidaires des appareils sur lesquels ils sont installés. Ils peuvent être, théoriquement en tout cas, de n'importe quel type et avoir un champ de visée dont l'angle est plus ouvert (grand angle) ou plus refermé (téléobjectif) que celui de nos yeux, ou encore en avoir un qui est égal au leur. Dans ce dernier cas, nous sommes en présence d'un objectif dit «normal». Des objectifs fixes pourraient même avoir un champ de visée variable (zoom). En pratique, la majorité des appareils à objectif fixe qui nous sont offerts actuellement ont un objectif dont la longueur focale est d'environ 35 mm ce qui, dans le format 24 x 36, donne un grand angle pas très ouvert. Les appareils des autres formats ont des objectifs qui couvrent un champ équivalent. Le premier et, en fait, le seul avantage de l'appareil à objectif fixe est sa simplicité de fabrication qui permet d'en réduire le coût. L'usager, lui, doit composer, dans les deux sens du terme, avec ce qu'on lui donne!

Les objectifs interchangeables

Prêts à tout pour satisfaire le client, les fabricants d'équipement photographique ont mis depuis déjà longtemps sur le marché des appareils dont l'objectif peut s'enlever et être facilement remplacé par un autre présentant des caractéristiques optiques différentes. Le photographe est ainsi capable d'adapter la «vision» de son appareil aux diverses situations de prise de vue qu'il rencontre. Ces objectifs interchangeables se regroupent en quatre grandes catégories et en plusieurs petites. Les longueurs focales données en exemple ne concernent que le format 24 x 36. Les types d'objectifs décrits ici existent cependant dans tous les autres formats, mais ils présentent des longueurs focales différentes.

L'objectif normal (de 45 à 55 mm)

On l'appelle «normal» pour deux raisons. La première est qu'il est «normalement» fourni avec l'appareil au moment de la vente. La seconde (plus sérieuse!) est que le champ des images qu'il produit est à peu de chose près identique au champ de vision nette de l'oeil humain normal. Les objectifs normaux sont les plus puissants qui se fabriquent présentement, la luminosité de certains modèles permet-

FILM COULEUR
pour épreuves
sur papier

FILM
Kodacolor **400**
POUR EPREUVES COULEUR

36 POSES
CG 135-36

FILM COULEUR
pour visionnement
par transparence

Kodachrome **64**
FILM FOR COLOR SLIDES

36 EXPOSURES
KR 135-36P

FILTRES COLORÉS
pour films noir et blanc

Le rendu des tons en *plus clair ou en plus sombre* est plus ou moins évident suivant la densité des filtres.

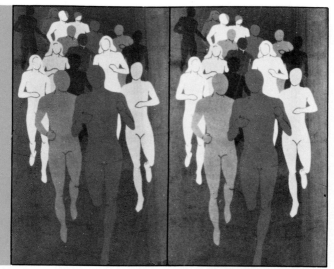

SANS FILTRE

FILTRE JAUNE

FILTRE VERT

FILTRE ROUGE

FILTRES CRÉATIFS (Cokin)
Phénomène de la «dispersion» de la lumière complexe, en ses différentes radiations.

FILTRE «Moïse»
dont le «rayon» peut être orienté vers le centre d'intérêt d'une image.

tant d'obtenir des ouvertures de diaphragme de l'ordre de
f / 1.2. L'ouverture de son angle de visée est d'environ
45°. Le «normal» est l'objectif à tout faire, le cheval de
travail bon pour toutes les occasions et excellent pour les
plans moyens, les vues de groupes et les éléments de
paysages : maisons, bosquets, etc.

Le grand-angulaire (de 18 à 35 mm)

Voici un objectif qui voit grand et qui, de ce fait, excite et
enthousiasme notre oeil, quand il ne l'intrigue ou ne l'étonne pas carrément. On apprécie particulièrement sa com-
pagnie dans les lieux exigus, où il nous permet de prendre
un «recul artificiel» qui sort souvent les photographes des
mauvais coins où ils ont, par goût personnel ou décision
du rédacteur en chef, réussi à se fourrer. Son emploi de-
mande un peu de prudence, cependant, car il tend, dans
les situations extrêmes, à déformer les sujets et à fausser
les parallèles si l'on bascule trop l'axe de l'appareil par
rapport aux lignes générales de la scène photographiée.
Signalons en terminant qu'on lui donne aussi le nom de
«grand angle».

Le téléobjectif (de 85 à 200 mm)

Il ne faut pas s'étonner de voir les amateurs s'empresser,
dès qu'ils en ont les moyens, de se procurer un de ces
objectifs. Leur effet est comparable à celui d'une bonne
vieille paire de jumelles, en ce qu'ils vont, comme elles,
chercher des détails perdus dans l'infini des lointains
d'une scène pour en remplir le cadre de nos clichés 24 x
36. Plus ils sont puissants, plus ils vont loin et, malheureu-

sement, moins leur luminosité est grande. Par ailleurs, même si l'idée peut sembler étrange aux débutants, il demeure que les meilleurs portraits se font au téléobjectif 100 à 135 mm.

Le zoom

Son nom véritable est «objectif à distance focale variable». Sa principale caractéristique est donc de donner à son utilisateur la possibilité d'en varier la distance focale en fonction des besoins de la prise de vue, ce qui lui permet de choisir le cadrage qui convient le mieux à son sujet, et cela sans avoir à changer de place ou d'objectif. Une manette ou une bague permettent d'allonger ou de raccourcir à volonté sa distance focale. Pour simplifier la mise au point, on fait le foyer et la lecture de l'éclairage à la distance focale maximale; il n'est ensuite plus nécessaire de refaire ces opérations quand on change de longueur focale... à condition de rester sur le même sujet, évidemment! Il faut aussi se rappeler que la profondeur de champ des zooms varie dans la même proportion que celle des objectifs conventionnels. Ceci implique qu'elle sera plus grande pour les distances focales courtes que pour les longues et qu'elle diminuera ou augmentera suivant que l'on allongera ou réduira cette distance focale. La qualité optique des zooms est aujourd'hui très satisfaisante et comparable à celle des autres objectifs conventionnels. Deux inconvénients cependant: leur faible luminosité (problème qui s'atténue pourtant d'année en année) et leur prix, passablement élevé. Dans ce dernier cas, il faut tout de même considérer qu'un seul zoom peut remplacer un assez bon nombre d'objectifs ordinaires, dont les prix additionnés peuvent aisément dépasser celui de l'objectif à focale variable. Il est aussi important de se souvenir que l'emploi du zoom peut réduire considérablement la quantité d'objectifs que l'on devra emporter avec soi, en voyage ou au travail.

Il est enfin possible de réaliser d'intéressants effets de «brume» ou «d'éclatement» grâce à ce genre d'objectif. Il faut pour cela travailler à des temps de pose relativement longs et changer en cours d'exposition la distance focale de l'objectif. Simple, n'est-ce pas! Quant au choix des distances focales disponibles actuellement, disons seulement qu'il varie de 24 à 1 200 mm... pas toutes sur le même objectif, malheureusement! Quoique l'on puisse se demander si la chose ne sera pas sous peu possible. Il existe aussi toute une panoplie de zooms pour macrophotographie dont les distances focales s'échelonnent entre 75 et 150 mm. Pour tous ceux qui aiment l'action, le zoom est vraiment l'objectif idéal!

Les autres

La tâche du classificateur serait sans doute trop simple si le choix des objectifs se limitait aux quatre grands types que nous venons de décrire sommairement. Malheureusement pour le théoricien et heureusement pour le photographe, l'industrie produit un grand nombre d'objectifs spéciaux, adaptés à des circonstances de prise de vue exceptionnelles ou particulièrement spécialisées. Je me contenterai ici d'en faire une énumération partielle, question de vous rafraîchir la mémoire... et de vous mettre l'eau à la bouche!

Il y a donc:
les *objectifs autocorrecteurs* de parallélisme, surtout utiles pour la photo d'oeuvres d'architecture;

ographie (dits «objectifs ma-
photographier tout ce
urs et de... la micro-

faces réfléchissantes et qu'il ne faut employer qu'en suivant scrupuleusement les recommandations de leur fabricant ;

les *super-téléphotos,* qui sont les armes préférées des amateurs de chasse propre, silencieuse et parfaitement inoffensive sur le plan écologique. Ces merveilleux objectifs 500 ou 1 000 mm peuvent aussi servir à «chasser» les animaux domestiques, les astres, les paysages et même nos congénères, quand il faut absolument garder ses distances !

Dois-je ajouter en terminant que ces objectifs spécialisés peuvent être détournés avec profit de leurs utilisations premières par les esprits avides d'expérimentation et d'images qui sortent de l'ordinaire ?

Les multiplicateurs de focale —
deux ou trois objectifs pour le prix d'un

Depuis que vous vous intéressez à la photo, v
sans doute entendu ou lu maintes fois des
telles que doubleur de focale, tripleur, tél
seur, modificateur, multiplicateur de f
ou même lentille afocale. Tous
même dispositif optique qui
l'objectif d'un appareil-ph

OBJECTIF NORMAL

**OBJECTIF NORMAL
PLUS LE 2X**

Les inconvénients

Il y en a moins qu'avant! La qualité de leur construction s'est en effet nettement améliorée depuis le temps où les fabricants d'objectifs complémentaires ont mis au point les premiers convertisseurs, au grand désespoir des producteurs d'appareils qui ont alors vu péricliter la vente de leurs propres objectifs. Depuis lors, même ces «grands» se sont «convertis» et offrent leurs propres multiplicateurs au grand public. Leurs produits sont probablement supérieurs à ceux de leurs concurrents en qualité... et en prix! Ceci étant malheureusement la rançon qu'il faut payer pour cela. Le principal problème inhérent à l'utilisation d'un multiplicateur de focale est la perte de luminosité que subit alors l'objectif auquel on les accouple, qui est de deux crans pour un convertisseur «2X» et de trois pour un «3X». Il faut cependant admettre que la grande luminosité des objectifs modernes (1.4 et souvent 1.2) enlève au problème beaucoup de son acuité, surtout quand on considère les avantages que procurent les convertisseurs.

À la prise de vue, les posemètres incorporés tiennent automatiquement compte du changement de luminosité. Dans les autres cas (posemètres à main ou parallèles à l'objectif), ne pas oublier d'effectuer la compensation. Dans un autre ordre d'idées, certains multiplicateurs, surtout parmi les modèles à bas prix, produisent un «hot spot» au centre de l'image. Ces «citrons» apparaissent de façon irrégulière et les marchands les échangent volontiers à leurs clients à condition que ceux-ci leur apportent les preuves de la défectuosité, c'est-à-dire les photos manquées à cause d'elle. Il arrive aussi que l'on trouve dans une série quelques convertisseurs qui donnent des images dont les coins sont légèrement flous. L'éch... du produit imparfait est encore là pratique norm...

Les avantages

Ils augmentent de jour en jour. D...
té des produits s'améliore...
de l'inflation qui, elle, f...
des proportions...
toute écono...
l'écono...
tipli...

d'objectifs en fonction de leur association à un (ou deux) multiplicateur(s) de focale. L'économie demeure enfin appréciable même si l'on choisit des multiplicateurs de grandes marques de commerce (dont le prix est présentement équivalent à celui d'un objectif normal).

Sur le plan technique, maintenant, mentionnons que l'emploi d'un multiplicateur de focale ne modifie en rien la distance minimale à laquelle il est possible de faire la mise au point de l'objectif qui lui est couplé. Par ailleurs, tous les accessoires de cet objectif demeurent les mêmes : filtres, pare-soleil, etc. À ouverture de diaphragme égale, ses caractéristiques de profondeur de champ ne changent pas. Autre avantage que les voyageurs sauront apprécier : l'ensemble objectif et multiplicateur est nettement plus léger et moins encombrant qu'un téléobjectif équivalent... et l'objectif normal qu'il faudrait aussi emporter avec soi pour conserver semblable polyvalence. Pour finir, je me permets de préciser que si les convertisseurs de haute qualité sont les meilleurs, il demeure que les produits de qualité moyenne sauront satisfaire aux exigences de la plupart des usagers d'appareils-photo. L'aubaine, à ce moment-là, est telle qu'il serait presque grossier de s'en priver.

6

L'éclairage

Les éclairages à problèmes, à l'intérieur comme à l'extérieur

Le tableau figurant à la page 58 donne une liste des temps de pose à utiliser dans des conditions particulières d'éclairage. Signalons que la meilleure assurance contre les erreurs d'exposition dans des situations de ce genre demeure la triple prise de vue. Vous faites, par exemple, un premier cliché à f / 4, tel que le suggère le tableau, un deuxième à f / 2.8 (donc à un cran de plus) et un troisième à f / 5.6 (à un cran de moins). Enfin, pour photographier des scènes de nuit ou même en soirée, il est préférable de se servir d'une émulsion en couleurs de type « B ». Le film en noir et blanc, lui, s'adapte indifféremment à tous les types d'éclairages, naturel ou artificiel (voir film couleur pages 24 et 26).

Les expositions longues et l'écart à la réciprocité

On dit souvent que les diverses combinaisons d'ouverture de diaphragme et de temps de pose sont équivalentes. Ainsi, 1/30 de seconde à f / 16 équivaut à 1/60 à f / 11, à 1/125 à f / 5.6, à 1/500 à f / 4 et ainsi de suite. Ce prin-

Degrés ISO	25-32	50-64	80-125	160-250	400	1000

SUJETS DIVERS — OBTURATION ET DIAPHRAGME

	25-32	50-64	80-125	160-250	400	1000
Lever de soleil	1/125-f/4	1/125-f/5.6	1/125-f/8	1/250-f/8	1/500-f/8	1/1000-f/8
Coucher de soleil	1/125-2.8	1/125-4	1/125-5.6	1/250-5.6	1/500-5.6	1/1000-5.6
Crépuscule	1/125-2	1/125-2.8	1/125-4	1/250-4	1/500-4	1/1000-4
Scène de rue bien éclairée	¼-2	⅛-2.8	1/15-2.8	1/30-2.8	1/60-2.8	1/125-2.8
Feux d'artifice (obturateur ouvert)	T-B 2.8	T-B 4	T-B 5.6	T-B 8	T-B 11	T-B 16
Intérieur bien éclairé	½-2.8	¼-2.8	⅛-2.8	1/15-2.8	1/30-2.8	1/60-2.8
Vue à distance d'une ville la nuit	*20 sec. 2.8	*9 sec. 2.8	*4-2.8	*2-2.8	1-2.8	½-2.8
Hockey au Forum, éclairage TV couleur	1/60-1.4	1/60-2.8	1/125-2.8	1/125-4	1/250-4	1/500-4
Spectacle: projecteurs sur le sujet	1/30-2.8	1/60-2.8	1/125-2.8	1/250-2.8	1/250-4	1/500-4
Métro ou autobus bien éclairés	½-2.8	¼-2.8	⅛-2.8	1/15-2.8	1/30-2.8	1/60-2.8
Pleine lune seulement	1/60-4	1/125-4	1/250-4	1/250-5.6	1/250-8	1/500-8
Paysage de nuit, feu de camp	*2 m-2.8 1/15-2.8	*1 m 2.8 1/30-2.8	*30-2.8 1/60-2.8	*15-2.8 1/60-4	*7-2.8 1/125-4	3-2.8 1/250-4
Arbre de Noël extérieur	*9 sec.4	*4 sec.4	*2-4	*1-4	½-4	¼-4
Arbre de Noël intérieur, pièce bien éclairée	3 sec.-4	1½-4	1 sec.-4	½-4	¼-4	⅛-4
Vitrine de magasin bien éclairée	½-4	¼-4	⅛-4	1/15-4	1/30-4	1/60-4
Néons et enseignes lumineuses	1/15-2.8	1/30-2.8	1/60-2.8	1/125-2.8	1/125-4	1/250-4
Écran de télévision (pas de flash!)	⅛-2.8	1/15-2.8	1/15-4	1/15-5.6	1/15-8	1/15-11
Terrain de baseball, football, etc.	1/30-1.4	1/30-2	1/30-2.8	1/60-2.8	1/125-2.8	1/250-2.8
Arène de boxe ou de lutte	1/30-2	1/30-2.8	1/30-4	1/60-4	1/125-4	1/250-4
Autos avec traînées lumineuses	*20 sec.-4	*20 sec.-5.6	8 sec. 5.6	4 sec. 5.6	8 sec. 11	8 sec. 16
Chutes Niagara	30 sec.-2.8	20-2.8	10-2.8	6-2.8	4 sec. 2.8	3 sec. 2.8
Visage éclairé par une allumette	2 sec.-2.8	1 sec. 2.8	½-2.8	¼-2.8	⅛-2.8	1/15-2.8
Édifices, monuments, fontaines, éclairés	*20 sec.-2.8	*9 sec. 2.8	*4-2.8	*2-2.8	¾-2.8	¼-2.8

*écart à la réciprocité appliqué au temps d'exposition.

cipe est vrai car on constate, par des expériences précises et de savants calculs, que l'on obtient, pour chacune de ces combinaisons, des négatifs de densité égale.

Mais dans les situations où l'éclairage, trop faible ou trop intense, exige des temps de pose très longs ou très courts, cette formule ne s'applique plus intégralement. On assiste alors à un phénomène dit d'«écart à la réciprocité» que je n'expliquerai pas ici mais qui existe pourtant, sachons-le. Pratiquement, on règle le problème en augmentant les temps de pose longs dans les proportions suivantes:

3 s à f / 2.8	6 s à f / 4	12 s à f / 5.6
(temps de pose normal)	(légère sous-exposition)	(sous-exposition)
DEVIENT	DEVIENT	DEVIENT
4 s à f / 2.8	9 s à f / 4	24 s à f / 5.6
(normal)	(normal)	(normal)

Ces corrections demeurent cependant approximatives et ne doivent être considérées que comme un point de départ à une série d'essais. Il est aussi important de souligner que l'écart s'accentue encore lorsque les prises de vues sont effectuées à petite ouverture (f / 16, f / 22). Dans un tel climat d'incertitude, il est préférable, comme mentionné précédemment, de faire des prises de vues triples, c'est-à-dire prendre une première image au temps de pose suggéré par le posemètre, une seconde en doublant le temps de pose de la première et une troisième en doublant le temps de pose de la seconde. Le succès n'est pas alors garanti, mais on a un peu plus de chances de son côté.

Le posemètre,
ou les infidélités d'un instrument juste

Comme tous les outils de précision, le posemètre est un instrument juste... parfois même un peu trop! Ce qui est la raison même de ses apparentes erreurs de lecture. Car s'il possède une sensibilité hors du commun pour déceler les écarts de luminosité, il n'est absolument pas doué sur le plan intellectuel! Il n'est pas intelligent, voyez-vous, et ses jugements doivent en conséquence être analysés et interprétés par son utilisateur, surtout dans les situations délicates. Si, par exemple, et le cas est fréquent, votre sujet principal est de dimensions modestes et se découpe

sur le ciel ou sur un fond très clair, votre posemètre rece-vra une grande quantité de lumière. Il s'exclamera alors (avec toute la force de son faible intérieur): «Qu'il fait clair ici!» Par conséquent, puisqu'il a été programmé pour cela, il réduira les coordonnées d'exposition (ouverture du dia-phragme ou temps de pose) en fonction de la quantité totale de lumière qu'il perçoit. Votre pauvre et surtout petit sujet principal risque fort, dans ce processus, de ne pas avoir son compte de lumière. C'est à vous de rétablir les choses et de corriger l'exposition selon ce que *vous* dési-rez voir sur votre image, c'est-à-dire un sujet principal cor-rectement exposé. Et non un arrière-plan impeccable der-rière un centre d'intérêt noir. Si vous jouez à votre po-semètre le tour contraire et que vous lui montrez un sujet relativement clair sur un fond sombre, il jugera que dans un coin aussi noir il faut «ouvrir les vannes» en grand, ce qui aura pour effet de surexposer votre sujet principal, que vous retrouverez pathétique et délavé, sur un mur sombre dont ressortiront en détail les moindres plaies et bosses. Comme vous le constatez, pour pouvoir se fier à son posemètre... on doit apprendre à s'en méfier.

Pour viser plus juste, retenez ceci:

☐ Quand vous photographiez un paysage, cadrez de façon à ce que le ciel ne couvre jamais plus que le quart de la surface de l'image. Autrement, vos clichés seront sous-exposés

☐ Rapprochez vous de vos sujets (visages, fleurs, détails d'un ensemble, etc.) pour faire vos lectures et reculez au cadrage désiré.

☐ Devant une scène très contrastée (rues, sous-bois, colonnades, etc.), faites deux lectures, l'une sur les parties sombres, l'autre sur les surfaces claires et faites la moyenne. Pour obtenir plus de détails dans les ombres, avec un appareil en fonction «manuelle», ouvrez d'un demi-cran si vous employez du film en couleurs et d'un cran complet si vous avez du film en noir et blanc. *

☐ Par grand soleil, pour photographier une scène de neige, fermez le diaphragme d'un cran de plus que le suggère votre posemètre.

☐ Si vous faites une lecture de lumière en vous servant de la paume de votre main (qui doit être mise dans le même plan que votre sujet et recevoir le même éclairage), ouvrez le diaphragme d'un cran ou diminuez la vitesse de l'obturateur d'une division car votre épiderme reflète de 36 à 40% de la lumière qu'il reçoit, alors que la «moyenne» des sujets en réfléchit 18%.

---

* Pour les appareils «toutoto» on peut jouer avec l'affichage ISO en + ou en − pour équilibrer les contre-jours ou les scènes trop sombres. Certains modèles ont en option une touche contre-jour qui est là pour être utilisée.

☐ Pour évaluer la luminosité d'un coucher de soleil, pointez votre cellule vers le ciel mais jamais en direction du soleil lui-même.

☐ Pour réaliser des silhouettes sur fond clair, fermez d'un cran, toujours en mode «manuel». Si vous n'avez pas de posemètre et que vous égarez le feuillet d'instruction qui venait avec le film, employez la formule du f / 16 qui suit :

Le calcul «automatique» de l'exposition

Les posemètres sont des outils merveilleux... tant qu'ils fonctionnent! Quand une panne survient ou que les piles tombent à plat sans crier gare, il suffit presque toujours, pour obtenir une exposition correcte, *sur des appareils en mode «manuel»*, d'appliquer la simple méthode dite «du f / 16». Elle consiste, pour photographier un sujet éclairé en face par temps clair (c'est-à-dire entre 10 heures et 16 heures en été), à choisir comme temps de pose le chiffre qui se rapproche le plus de l'indice ISO du film employé et à fermer le diaphragme à f / 16. Par exemple, si l'on se sert d'un film 125 ISO, on réglera le temps de pose à 1 / 125 de seconde et on diaphragmera à f / 16. On peut visualiser cet exemple et la méthode par la formule suivante :

$$\frac{1}{125 \text{ ISO}} \text{ de seconde à } \mathbf{f/16}$$

On arrondit de cette façon pour les autres émulsions :

64 ISO	1 / 60 de seconde	
100 ISO	1 / 125 de seconde	
200 ISO	1 / 250 de seconde	à **f/16**
400 ISO	1 / 500 de seconde	
1 000 ISO	1 / 1 000 de seconde	

Maintenant, quand le sujet reçoit la lumière *de côté*, on garde la même formule mais on change f / 16 pour f / 11, la vitesse correspondant toujours à l'indice ISO du film. On fait la même chose lorsque les tons du sujet sont plutôt foncés ou que l'on photographie des gens dont la peau est très hâlée.

Enfin, si le sujet est éclairé par derrière, le contre-jour, on change le f / 16 par f / 8.

En terminant, précisons que cette méthode s'applique indifféremment au noir et blanc et à la couleur.

Attention! Pour des gens de «couleur», Africains ou Haïtiens, la formule passe du f / 16 à celle du f / 11.

Je le répète : cet éclairage «normal» **doit éclairer le sujet de face** dans un endroit «découvert» montrant 75% de la voûte céleste.

ISO	SOLEIL BRILLANT (ou légèrement voilé) ombrage sur le sol (net et précis)									firmament, soleil derrière les nuages : pas d'ombre.			temps couvert, sujet dégagé et à l'ombre des édifices : rues — ruelles.		
	vaste scène neige plage			sujet moyen éclairage frontal			sujet rapproché éclairage latéral								
	1/125	1/250	1/500	1/125	1/250	1/500	1/125	1/250	1/500	1/125	1/250	1/500	1/125	1/250	1/500
16	8	5.6	4	5.6	4	2.8	4	2.8	2	2.8	2	1.4	2		
20				1/3	1/3	1/3									
25				2/3	2/3	2/3									
32	11	8	5.6	8	5.6	4	4	2.8	2	2.8	2	1.4	2.8	2	1.4
40															
50															
64	16	11	8	11	8	5.6	8	5.6	4	5.6	4	2.8	4	2.8	2
80	1/3														
100	2/3														
125	22	16	11	16	11	8	11	8	5.6	8	5.6	4	5.6	4	2.8
160															
200															
250	32	22	16	22	16	11	16	11	8	11	8	5.6	8	5.6	4
320															
400															
500		32	22	32	22	16	22	16	11	16	11	8	11	8	5.6
650															
800															
1000			32		32	22	32	22	16	22	16	11	16	11	8
1300															
1600															
2000						32		32	22	32	22	16	22	16	11

Ce petit chef-d'oeuvre de l'art graphique donne une série de coordonnées d'exposition de base valables pour tous les films, qu'ils soient en noir et blanc ou en couleurs. On remarquera que l'échelle concernant les «sujets moyens» confirme la théorie du f / 16, compte tenu de la sensibilité du film. Les trois vitesses d'obturation suggérées sont celles que l'on utilise le plus souvent quand on prend en photo des sujets en mouvement. Il faut faire son choix selon la vitesse de déplacement de ceux-ci, tel qu'indiqué à la page 109. Si vous travaillez à des temps de pose plus courts ou plus longs, vous devrez corriger en conservant le même rapport entre la vitesse et l'ouverture. Ainsi, quand on suggère des coordonnées d'exposition de 1 / 125 de seconde à f / 11, et que vous voulez un temps de pose de 1 / 60 de seconde, il vous faudra régler l'obturateur à f / 16.

À 1 / 30 de seconde, vous diaphragmerez à f / 22. Et ainsi de suite. Je me permets cependant de vous rappeler que l'usage du trépied est indispensable quand on veut éviter les flous dès que le temps de pose dépasse 1 / 30 de seconde. Pour revenir au tableau, notez que les indices ISO 80 et 100 se situent respectivement à ⅓ et à ⅔ de cran au-dessus de l'indice 64. Vous pouvez malgré cela considérer en toute sécurité que les différences sont de ½ cran. Par exemple, un film 80 ISO peut être exposé 1 / 250 de seconde à une ouverture de diaphragme à mi-chemin entre f / 11 et f / 16 pour rendre une image parfaite de ce beau blanc de neige qui s'étire au soleil devant votre porte... juste à l'endroit où vous avez stationné votre voiture au début de la tempête !

Vous verrez que le tableau ne fait pas état des sujets éclairés par derrière. Dans leur cas, il est nécessaire de compenser, c'est-à-dire d'ouvrir le diaphragme de deux crans (même s'il peut à première vue sembler absurde de laisser entrer plus de lumière dans l'appareil quand on fait face au soleil).

Lorsque vous faites des plans moyens ou rapprochés, vous avez à tenir compte, en plus des indications du tableau, de la brillance spécifique du sujet et vous devez corriger l'exposition en conséquence. Ainsi, en photographiant un édifice blanc en plein soleil, vous fermez d'un demi à un cran. Devant un groupe de personnes habillées en noir, ouvrez d'un demi à un cran de plus que suggéré, même si l'éclairage paraît assez fort.

Pour bien assimiler les coordonnées de ce tableau, il peut être intéressant de les comparer à celles que donne votre posemètre dans des circonstances similaires à celles qui y sont décrites. Cela vous permettra également de savoir intrapoler et extrapoler les informations, de façon à pouvoir l'utiliser efficacement advenant le cas où votre «oeil électronique» perdrait de son acuité.

La carte gris neutre : au juste milieu des extrêmes...

Comme vous le remarquerez, les pages 66 et 67 sont grises. N'y voyez pas un paysage d'automne aux brumes particulièrement atlantiques, ni le début d'une période dépressive, non plus que la première image d'un reportage sur les bas quartiers de la métropole. Il s'agit tout simplement d'un cadeau. Eh oui ! On appelle ça une carte grise

ou, plus scientifiquement, une surface réfléchissante à 18 p. 100 (parce qu'elle renvoie 18 p. 100 de la lumière qu'elle reçoit). Pour l'utiliser, il faut ouvrir le livre en maintenant les deux pages dans le même plan. On a également besoin d'un posemètre à lumière réfléchie. Tous les posemètres intégrés aux appareils photographiques 35 mm modernes sont de ce type et conçus pour donner une lecture de la quantité moyenne de lumière renvoyée par le sujet. Ils fonctionnent généralement de façon satisfaisante quand les différences de luminosité entre les parties d'une scène ne sont pas très importantes et quand la lumière y est à peu près uniformément répartie. Il en va autrement quand les écarts de brillance entre les éléments du sujet sont prononcés. Pour régler le problème, il suffit d'orienter les deux pages formant la carte grise dans le même sens que le plan principal du sujet, de placer l'appareil ou le posemètre à une vingtaine de centimètres de la surface de la carte et d'effectuer la lecture directement sur celle-ci.

Précautions essentielles

☐ Ne pas projeter d'ombre sur la carte, ce qui fausserait la lecture.

☐ Quand les *sujets* sont très *clairs, réduire* l'ouverture du diaphragme ou le temps de pose d'un demi ou d'un cran complet par rapport aux indications fournies par le posemètre.

☐ Face à un *sujet foncé, augmenter* d'un demi ou d'un cran complet les coordonnées d'expositions prescrites par le posemètre. *Suite page 68*

☐ Prendre garde que la lumière renvoyée par la carte grise le soit dans la même direction que celle qui est réfléchie par le sujet principal. Il faut agir avec d'autant plus de précautions que le sujet est éloigné de l'appareil et, bien sûr, de la carte.

☐ Quand le sujet est à contre-jour, il faut mettre *aussi* la carte à contre-jour, dans le même plan que lui.

Les prises de vues en fourchette, car trois précautions valent mieux qu'une

Vous savez qu'il n'est pas toujours facile de déterminer avec précision les coordonnées d'exposition d'une photo, particulièrement quand on se trouve devant une scène présentant des écarts d'éclairage importants. Pour s'en tirer, il suffit souvent «d'encadrer» la prise de vue, de la «tripler» ou, si vous préférez, de prendre des clichés «en fourchette». Ces trois expressions qui veulent dire la même chose désignent un procédé consistant à exposer le film à f / 11 et à f / 5.6 en plus du f / 8 qui, théoriquement et selon le posemètre, serait la bonne ouverture. En agissant ainsi, si l'appareil peut être opéré en «manuel», on obtient au moins un cliché dont l'exposition est correcte. En plus de remédier aux erreurs d'évaluation d'éclairage, cette méthode permet de pallier les inexactitudes provenant de l'état du matériel. Il est rare en effet qu'un posemètre soit parfaitement au point, de sorte que les temps de pose qu'il suggère sont parfois de 1 / 4 à 1 / 3 de cran en surexposition ou en sous-exposition. Les obturateurs, de leur côté, souffrent de certaines «faiblesses», surtout par temps froid, ce dont le posemètre ne peut tenir compte puisque leur influence ne se fait sentir qu'après la mesure. Qui peut prouver aussi que l'indice de sensibilité du film qui est dans son appareil est bien de 200 ASA et non de 160 ou de 250 ? La mise en pratique de cette mesure de sécurité, utile en tout temps, est particulièrement indiquée quand on emploie du film en couleurs «chrome», qui présente très peu de latitude de pose, et que l'on veut obtenir une diapositive ou un négatif dont la densité soit idéale. Et s'il vous vient quelque scrupule en pensant à ce «gaspillage» de pellicule, rappelez-vous qu'un petit bout de film coûte nettement moins cher qu'un nouveau voyage...

La profondeur de champ, un sujet qui va au-delà des apparences

Si elle n'était pas aussi importante, on en parlerait sûrement beaucoup moins... ce qui est d'ailleurs la seule chose qu'elle a en commun avec l'obésité ! Elle est essentielle à la production d'une image utile d'un sujet à trois dimensions, en permettant à l'objectif d'en transmettre des éléments qui sont à différentes distances de celui-ci, suivant des limites qui sont justement les caractéristiques de profondeur de champ de chaque objectif, dans des conditions de prise de vue données. À proprement parler, la profondeur de champ est la zone à l'intérieur de laquelle le sujet peut se déplacer sans que son image sur le film cesse d'être nette et précise. Cette zone de netteté varie selon les objectifs, *la distance qui sépare le sujet* de celui-ci et *l'ouverture du diaphragme.* On peut considérer que la profondeur de champ augmente en même temps que *l'angle de couverture de l'objectif, l'éloignement du sujet et la fermeture du diaphragme.* Les objectifs modernes comportent, sur leur monture même, une échelle indiquant la profondeur de champ qu'ils donnent pour chaque cran d'ouverture du diaphragme.

Pratiquement, ce qu'il faut retenir à ce sujet, c'est qu'en diaphragmant à f / 16 ou f / 22, on augmente la zone dans laquelle les objets seront reproduits avec netteté en avant et surtout en arrière du sujet sur lequel on a fait la mise au

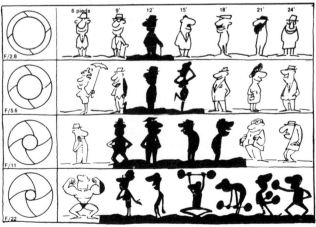

Mise au point sur 12 pieds (3,6m)

Ce dessin donne une idée de l'augmentation de la profondeur de champ, au fur et à mesure que l'on réduit l'ouverture du diaphragme. À noter que cette augmentation a lieu davantage vers l'arrière du sujet

69

F / 5.6

F / 22

point, sans pour autant accroître le degré de précision avec lequel celui-ci sera rendu (contrairement à ce que l'on affirme parfois!). Se rappeler aussi qu'à f / 2 ou f / 1.4, le secteur de netteté se restreint jusqu'à ne plus inclure qu'une fine tranche du paysage, ce qui permet de « détacher » un personnage ou un sujet du reste du décor lorsqu'on fait la mise au point sur lui, particulièrement à distance réduite.

Les appareils modernes, dont on dit que les objectifs sont « automatiques », sont conçus de telle sorte que leur diaphragme reste à sa plus grande ouverture jusqu'au moment de la prise de vue. Ces objectifs comportent un dispositif (bouton ou levier) qui permet de fermer à volonté le

diaphragme afin de se rendre compte directement de l'effet qu'une ouverture spécifique du diaphragme aura sur la profondeur de champ de l'image finale.

Dans le cas des appareils à télémètre couplé, il faut malheureusement se contenter des indications fournies par leur échelle des profondeurs de champ aux différentes ouvertures, qui est inscrite sur leur monture, tel que mentionné. Je rappelle que cette vérification est essentielle pour toute prise de vue à grande ouverture, surtout quand le sujet principal est à courte distance de l'appareil. Car, voyez-vous, le flou n'est agréable que quand il est artistique et voulu!

L'hyperfocale... toujours au point!

Pour réussir les instantanés époustouflants que l'on voit régulièrement dans les journaux, les photographes ont dû,

bien sûr, développer d'excellents réflexes. Et acquérir quelques petits trucs grâce auxquels leur talent naturel peut donner sa pleine mesure. Je vous donne ici les deux principaux.

La mise au point sur l'hyperfocale (voir photos ci-dessus)

Cette notion est assez complexe en théorie mais son application est fort simple. Lorsqu'on fait la mise au point d'un objectif (grand angle ou normal) sur l'infini (∞), la profondeur de champ à pleine ouverture du diaphragme s'étend de l'infini jusqu'à un point situé à 3 ou 4 mètres devant l'appareil. Ce point, qui marque le début de la zone de netteté de l'image produite par l'objectif, constitue le point de la distance hyperfocale. En faisant une nouvelle mise au point sur ce point (4 mètres), on obtient une nouvelle profondeur de champ qui étire au maximum la zone à l'intérieur de laquelle les images sont nettes. Si, en plus, on diaphragme à f / 16 ou f / 11, on peut considérer qu'en pratique tout ce qui se trouve entre 2,50 mètres et l'infini *est net.* Il est donc possible d'en prendre des photos sans chaque fois refaire la mise au point. Tous les photographes de presse utilisent cette technique dès qu'ils se trouvent dans une situation qui évolue rapidement... ou risque de le faire sans avertissement! Pour le deuxième truc, voir la formule du f / 16 page 62.

Le portrait
À la lumière naturelle, pour rester dans la nature des choses...

En grande majorité, les photographes amateurs commencent leur «carrière» en tirant un portrait. Le phénomène est même suffisamment généralisé pour être classé parmi les automatismes universels! C'est vrai et même scientifiquement prouvé: dès que quelqu'un a en main un nouvel appareil-photo, il s'empresse de le pointer sur un visage, de préférence connu, pour minimiser le danger, peut-être... Car il faut avouer que les résultats de l'opération ne sont pas toujours à la satisfaction du photographe.... ou de sa victime qui, elle, ne partage pas nécessairement la douce euphorie que l'opérateur éprouve en face de sa nouvelle «bébelle». Mais le mal n'a rien d'irrémédiable et il suffit, pour éviter gestes disgracieux et ressentiments regrettables, de tenir compte de quelques points fort simples que je vous énumère à l'instant:

☐ L'objectif qui convient le mieux au portrait, sous n'importe quel éclairage, est le 105 mm, suivi du 135 mm.

☐ Évitez de photographier quelqu'un en plein soleil. Incommodé par la lumière, votre sujet aura tendance à cligner des yeux et à plisser le visage. Les ombres seront par ailleurs trop accentuées et très dures.

☐ Travaillez autant que possible à grande ouverture, afin de rendre l'arrière-plan hors foyer et de le séparer du sujet. Les grandes ouvertures vous obligeront par ailleurs à utiliser des vitesses d'obturateur rapides, ce qui est hautement souhaitable quand on emploie un téléobjectif.

☐ L'éclairage idéal est sans doute celui qui est produit par la lumière du soleil réfléchie par un mur de couleur pâle ou encore celui qui provient d'un ciel légèrement couvert.

Arrière-plan distrayant

Fond uni

Si vous décidez d'utiliser un éclairage latéral, qui modèle bien les visages, vous trouverez avantage à employer un réflecteur d'appoint ou une lampe-éclair pour renforcer lé-

Ces images nous montrent une déformation progressive des traits d'un visage photographié avec différentes focales... de gauche à droite, c'est la reconstitution normale de ces mêmes visages. La morale : ne jamais utiliser une focale plus courte que 85 pour photographier votre meilleure amie... à moins que !...

18 mm **28 mm** **45 mm** **105 mm** **200 mm**

gèrement la lumière qui touche les parties ombragées de votre sujet (voir page 80).

☐ Résistez à l'envie de faire poser votre sujet s'il n'est pas un professionnel (mannequin, comédien, etc.), car il en perdra presque tout son naturel sans pour autant réussir à trouver une attitude qui mettra sa personnalité ou ses qualités physiques en valeur. Les appareils-photo intimident plus ou moins tout le monde. Au photographe de les faire oublier en s'efforçant de distraire ses sujets, en les faisant jaser de choses et d'autres et surtout d'eux-mêmes, question toujours absorbante, pour arriver à les saisir sur le vif, dans des attitudes expressives qui révèlent bien leur personnalité.

☐ Retenez aussi que l'angle de prise de vue le meilleur est généralement une légère contre-plongée, que l'on obtient en plaçant l'appareil un tout petit peu plus bas que le sujet.

☐ Est-il nécessaire enfin de vous dire de choisir le côté le plus photogénique de vos sujets ? En cas de doute, demandez-leur... ils le connaissent bien !

Le portrait

À la lumière artificielle

Précisons-le immédiatement : le film noir et blanc s'accommode de n'importe quelle source d'éclairage, naturelle ou artificielle, unique ou « mélangée ». Il en va autrement du film en couleurs, qui ne « voit » pas tous les éclairages de la même manière. La notice qui accompagne chaque film mentionne sous quel éclairage (« jour », 3400° ou 3200° K) on peut l'utiliser et quels filtres permettent de corriger au besoin ses « mauvais penchants ». Lisez-la.

☐ Si le portrait vous intéresse sérieusement, il est facile de vous équiper d'un « studio mobile » à très peu de frais, en faisant l'acquisition de deux lampes de photo de même puissance (250 ou 500 watts) et de leurs réceptacles.

Vous avez le choix entre deux types de lampes : celles qui comportent un réflecteur intégré et celles, moins chères, qui se vissent dans une douille à laquelle est déjà fixé un réflecteur. Des pinces recouvertes de caoutchouc permettent d'installer les deux dispositifs sur n'importe quel support convenable.

☐ Pour éclairer un sujet, la méthode classique consiste à mettre en place une première lampe (lampe principale) un peu plus haut que l'appareil et une seconde (lampe d'am-

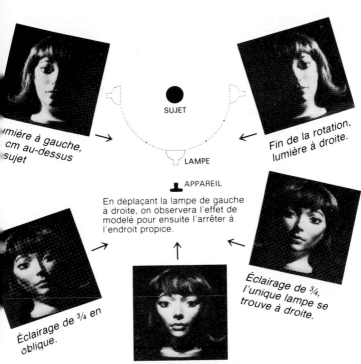

Lumière à gauche, ... cm au-dessus ... sujet

SUJET

LAMPE

APPAREIL

En déplaçant la lampe de gauche à droite, on observera l'effet de modelé pour ensuite l'arrêter à l'endroit propice.

Fin de la rotation, lumière à droite.

Éclairage de ¾ en oblique.

Éclairage de ¾, l'unique lampe se trouve à droite.

Lampe immédiatement au-dessus du sujet.

Lampe immédiatement sous le sujet.

Éclairage pour profil, une seule lampe.

On a rajouté une source lumineuse à l'arrière du sujet.

Un filtre ou écran diffuseur est ajouté devant l'objectif.

biance ou d'appoint) à la même hauteur que celui-ci, mais deux fois plus loin du sujet que la première. Les axes des deux réflecteurs se coupent à 90° au point central du sujet et le photographe opère en se tenant entre les deux lampes.

☐ Il va sans dire qu'il existe bien d'autres façons d'éclairer un sujet. Laissez-vous guider par votre imagination... en évitant tout de même les jeux d'ombre trop criants. Pour atténuer ceux-ci, il est souvent profitable d'ajouter un filtre diffuseur à l'objectif.

☐ On réussit également d'excellents portraits à la lumière indirecte («bounce light»). Quand on travaille en couleurs, il est essentiel que les murs ou le plafond qui servent de réflecteurs soient d'un blanc très pur. On règle l'exposition en faisant une lecture au posemètre. L'éclairage diffusé provenant d'une fenêtre donne lui aussi de beaux résultats.

☐ Enfin, ne raccordez jamais plus de trois lampes photographiques au même circuit électrique: la surcharge modifie la température de couleur et l'intensité nominale de l'éclairage.

Les prises de vues à la lumière fluorescente
Ces tubes dont il faut se méfier

● L'éclairage à la lumière fluorescente donne lieu à des teintes de couleur bizarre dues principalement à une carence de rouge. Aussi, dans l'incertitude, on doit utiliser par ordre de préférence un film à émulsion «JOUR» ou tungstène (type B) ou mieux encore une émulsion couleur de type «Color» négative (Kodacolor ou Ektacolor) qui s'adapte assez bien à tous les types de lampes fluorescentes, indifféremment de leur couleur.

● Une fois son type de lampes connu (Daylight, Cool White, Warm White ou autres), on aura recours à l'un ou l'autre des filtres correcteurs C.C. (Color Correction) de Kodak suggérés dans le tableau ci-contre.

● On notera que l'utilisation de ces filtres nécessite un temps de pose légèrement plus long selon la densité du (ou des) filtre(s).   Tel que suggéré par Kodak

Précisons tout de suite que la lumière des lampes fluorescentes n'a pas d'effet particulier sur la pellicule en noir et blanc. Par contre, les images en couleurs réalisées à la lumière de ces lampes présentent toujours une dominante verte nettement marquée. Comme il n'existe pas de pellicule spécialement étudiée pour ce genre d'éclairage, il est nécessaire d'utiliser des filtres correcteurs quand on désire avoir des images présentant des teintes naturelles. Les émulsions «lumière du jour» s'emploient avec un filtre FLD, tandis que les films de type «B», destinés aux prises de vues à l'éclairage à filament de tungstène, exigent un filtre FLB... et donnent de meilleurs résultats, surtout quand il s'agit de pellicule négative. Cette dernière permet en plus de corriger au tirage les quelques dominantes indésirables encore visibles.

Mais ceux qui voudraient s'assurer des résultats les meilleurs, surtout s'ils travaillent souvent en éclairage fluorescent, peuvent employer les filtres de correction spéciaux mis au point par la firme Kodak pour exposer sa pellicule à la lumière de chacun des types de tubes connus. Le tableau ci-dessous indique les filtres à utiliser et les corrections à apporter à l'exposition dans chacun des cas.

	Type de film KODAK		
Type de tube fluorescent	Lumière du jour et type S	Tungstène Type B et Type L	Type A
Daylight	40M + 30Y + 1 cran	No 85B + 30M + 10Y + 1 cran	No 85 + 30M + 10Y + 1 cran
White	20C + 30M + 1 cran	40M + 40Y + 1 cran	40M + 30Y + 1 cran
Warm White	40C + 40M + 1⅓ cran	30M + 20Y + 1 cran	30M + 10Y + 1 cran
Warm White Deluxe	60C + 30M + 1⅔ cran	10Y + ⅓ cran	pas de filtre
Cool White	30M + ⅔ cran	50M + 60Y + 1⅓ cran	50M + 50Y + 1⅓ cran
Cool White Deluxe	30C + 20M + 1 cran	10M + 30Y + ⅔ cran	10M + 20Y + ⅔ cran

L'éclairage au flash

Le pour et le contre du soleil instantané

Les bons côtés

☐ Le flash est sans doute le moyen le plus simple d'éclairer artificiellement un sujet. Sa légèreté, son peu d'encombrement et son «indépendance énergétique» permettent de l'apporter et de l'utiliser partout et n'importe quand.

☐ Il «gèle» les sujets en mouvement. Certains modèles électroniques «arrêtent» même une balle sortant d'un canon de revolver.

La technique du flash d'appoint à l'extérieur : deux façons

Sans flash

A) pour les appareils 35 mm SLR, synchronisez la vitesse d'obturation sur le 1/60 ou le 1/25 de seconde ;

B) faites une lecture et notez l'ouverture du diaphragme correspondant à cette vitesse, exemple F/22 ;

C) sur l'échelle des calculs d'exposition du flash, trouvez une distance qui correspondrait à deux crans... plus grand, soit F/11 ;

D) réglez le flash sur cette distance et photographiez.

☐ En éclairage direct, il fait disparaître les petites imperfections des surfaces et atténue ainsi les rides des visages pris en plan rapproché. Les vedettes l'aiment donc beaucoup !

☐ Sa puissance est remarquable. En deçà de 3 mètres, même les modèles les plus faibles donnent suffisamment de lumière pour prendre des photos, quand on emploie le film adéquat.

Avec flash

Plus simple encore pour les appareils fonctionnant en mesure TTL (flash) lorsqu'il s'agit de «déboucher» les ombres d'un contre-jour :

A) diaphragmez en suivant la progression des diodes dans le viseur jusqu'à ce que l'automatisme de votre appareil annonce un temps de pose de 1/60 ou 1/25 de seconde, dépendant du type d'obturateur ;

B) mettez le flash sous tension et photographiez tout à votre aise sans autres réglages.

☐ Quand on travaille à la lumière naturelle, il constitue une excellente source d'éclairage d'appoint, par exemple dans les prises de vues à contre-jour.

☐ Les modèles électroniques à «télésenseur» dispensent de calculer soi-même les coordonnées d'exposition.

Les désavantages

☐ Le flash a la malencontreuse manie de doter nos sujets

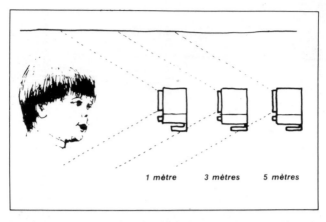

1 mètre 3 mètres 5 mètres

Il est bon de se souvenir qu'un flash de type « thyristor » (à cause de son circuit interne amélioré) conserve toute son énergie, libère beaucoup d'éclairs à partir d'un jeu de piles et son temps de recyclage est grandement accéléré, comme le montre le dessin (données approximatives) :

à 1 m du sujet : jusqu'à 500 éclairs, recyclage presque instantané ;

à 3 m de sujet : 200 éclairs, recyclage 2 secondes ;

à 5 m du sujet : 50 éclairs, recyclage 5 secondes.

d'yeux de chats ou de lapins (voir page 118), quand leur axe est trop proche de celui de l'objectif, c'est le cas pour les flashes que l'on ne peut désolidariser des appareils.

□ Les images que l'on obtient des scènes éclairées de front au flash manquent parfois de naturel et présentent peu de modelé. Elles ne rendent qu'exceptionnellement l'ambiance créée par l'éclairage original.

□ Le flash « brûle » les sujets proches de l'appareil tandis que les éléments d'arrière-plan s'assombrissent à mesure que décroît l'intensité de la lumière qui les atteint.

□ Sur certains appareils, il faut régler l'exposition en suivant la méthode de nombres guides, plutôt incommode. À moins d'acquérir un posemètre spécial nommé flashmètre ou un flash « automatique ».

□ Le champ d'éclairage de la plupart des flashes ne dépasse guère celui d'un objectif 50 mm. Au grand angle, on remarque donc souvent un certain assombrissement du pourtour des images.

□ Il est rarement possible d'utiliser un flash à des vitesses d'obturation supérieures à 1 / 125 de seconde. Rien n'empêche par contre de s'en servir à toutes les vitesses plus lentes.

Le flash tel qu'en lui-même

On connaît deux types de flashers portatifs: le modèle électronique et celui qui s'utilise avec des lampes-éclair classiques. Ce dernier type disparaît graduellement mais persiste encore sous forme de «cubes» ou de «barres» qui renferment plusieurs lampes. Les lampes-éclair blanches s'utilisent avec du film en couleurs destiné à être exposé à la lumière au tungstène, tandis que les lampes bleues sont employées avec des émulsions «lumière du jour». Le film en noir et blanc accepte indifféremment les deux sortes de lampes.

Mais le vrai flash de notre époque est le modèle de type électronique. Essentiellement, il consiste en un tube fluorescent analogue à ceux qui éclairent maisons et bureaux,

mais de taille réduite. Le passage du courant électrique lui fait émettre, en un temps très court, une lumière extrêmement puissante, grâce à laquelle l'image d'une scène ainsi éclairée peut impressionner la pellicule. On ne change jamais ce tube qui peut être «rallumé» presque indéfiniment. Son alimentation électrique est assurée par des piles, rechargeables ou non. Ne pas oublier de recharger les piles qui peuvent l'être avant qu'elles ne soient complètement à plat; on prolonge ainsi de beaucoup leur existence. Se souvenir également que ces piles perdent lentement leur charge même si le flash ne sert pas. Une bonne pratique consiste à les recharger une fois par mois, quel que soit l'usage que l'on en fait.

Caractéristiques

☐ Les appareils compacts de format 35 mm possèdent souvent aujourd'hui un flash électronique incorporé, qui entre en service quand la lumière ambiante devient trop faible pour exposer le film convenablement. Référez au mode d'emploi de l'appareil pour savoir comment fonctionne ce dispositif.

☐ Les appareils autres que les compacts peuvent accepter une variété étonnante de flashes, classiques ou électroniques, à condition d'être réglés sur le bon mode de synchronisation (M pour les flashes classiques et X pour les électroniques) et à la bonne vitesse: parfois 1 / 125 de seconde, mais généralement 1 / 60 de seconde ou un autre temps de pose plus long. Consultez le manuel.

☐ Tous les flashes électroniques émettent un éclair dont la température de couleur est équivalente à celle de la lumière du jour, soit 5 500° K. Ils sont donc directement compatibles avec les émulsions «color» ou «chrome» de type lumière du jour. Des filtres permettent de corriger la situation quand on utilise des pellicules d'un autre type. Voir pages 24 et 26.

☐ La durée des éclairs des flashes électroniques est très courte, variant selon les modèles, entre 1 / 1 000 et 1 / 50 000 de seconde. Ils peuvent donc «geler» presque tous les mouvements, tant humains que mécaniques. L'éclair des lampes au magnésium classiques dure environ 1 / 80 de seconde.

☐ La tendance actuelle du marché va vers les flashes à tête basculante, qui permet de diriger leur faisceau lumineux vers un mur ou un plafond, de façon à en adoucir la brutalité. Les autres flashes amovibles, classiques ou

électroniques, peuvent s'employer de la même manière, à condition d'être munis d'un câble de synchronisation, car il faut alors les détacher de l'appareil pour les orienter dans la direction désirée.

☐ Certains flashes électroniques sont à fonctionnement automatique. Cela signifie qu'une cellule photosensible, appelée «télésenseur», contrôle la quantité de lumière qu'ils émettent en fonction du sujet photographié et de la distance qui le sépare de l'appareil. L'exactitude de ce dispositif peut être considérablement réduite si le sujet principal ne se trouve pas dans l'axe de l'objectif. Donc, il faut lire attentivement le mode d'emploi de son flash car on y explique comment se tirer d'affaire face à ce genre de problème. Les flashes automatiques peuvent aussi s'opérer en mode manuel. On procède alors comme dans le cas des flashes ordinaires.

☐ Pour établir l'exposition d'une photo au flash, on peut utiliser un posemètre spécial, dit flashmètre, ou encore, suivre la méthode des nombres guides, exposée ci-contre.

Les nombres guides
des flashes électroniques

Quand on connaît le BCPS de son flash, on peut obtenir, en consultant le tableau ci-dessous, les nombres guides à utiliser pour calculer l'exposition en fonction des différents degrés de sensibilité des émulsions. Le BCPS (puissance effective en bougies-secondes) du flash est fourni par le fabricant. Le nombre guide recherché se trouve à l'intersection de la ligne du BCPS du flash et de la colonne correspondant à l'indice ISO du film employé.

Un exemple vous en est donné en caractères gras.

Indice de sensibilité ISO

BCPS	25	32	40	50	64	80	100	125	**160**	200	250	320	400
500	25	28	32	36	40	45	50	55	60	70	80	90	100
750	30	32	38	40	48	52	60	65	75	85	95	100	120
1000	35	40	45	50	55	60	70	80	90	100	110	120	140
1500	40	50	55	60	65	75	80	90	**100**	115	130	145	160
2000	50	55	60	70	80	90	100	110	120	140	160	175	200
3000	60	70	75	85	95	105	120	130	150	160	180	200	235
4000	70	80	90	100	110	120	140	160	180	200	225	250	275
6000	80	95	105	120	130	150	170	190	210	240	270	300	325
8000	100	115	125	140	160	180	200	225	250	275	300	350	380
12000	120	135	150	170	190	210	235	260	300	325	375	400	425
16000	140	160	180	200	225	250	275	300	350	375	425	500	550

S'il vous est impossible de connaître le BCPS de votre flash électronique, procédez aux essais décrits ci-dessus: LES NOMBRES GUIDES. Référez-vous ensuite au tableau de la page précédente qui, à partir du nombre guide et de la sensibilité de votre film, vous donnera le BCPS de votre flash. Si vous avez, par exemple, trouvé un nombre guide de 100 pour un film 160 ISO, vous avez un flash dont le BCPS est de 1 500.

Je ne saurais enfin trop vous recommander de lire très attentivement les modes d'emploi de votre appareil et de votre flash. Les informations données ici sont d'ordre général et l'on comprendra que je ne puis exposer toutes les particularités que peuvent présenter les quelques centaines de modèles d'appareils-photo présentement sur le marché. À vous donc de prendre vos précautions.

Les nombres guides et quelques trucs...

Le nombre guide est un nombre que l'on divise par la distance séparant le flash du sujet pour obtenir l'ouverture du diaphragme qui donnera une exposition valable au film. Pour chaque flash, les nombres guides varient en fonction de la sensibilité des diverses émulsions et ils sont fournis par le fabricant du flash dans une notice explicative ou inscrits directement sur son boîtier.

Voici maintenant la méthode à employer pour découvrir un nombre guide que l'on ne connaît pas:

☐ Dans une pièce de 3 mètres sur 4 et dont les murs sont de couleur pâle, réaliser une série de photos d'essai à toutes les graduations et à toutes les demi-graduations en plaçant l'appareil à 11 pieds du sujet.

☐ Déterminer le diaphragme qui a donné le meilleur cliché. Multiplier ensuite ce diaphragme par la distance de 11 pieds, ce qui donnera le nombre guide valable pour ce flash quand on emploie une émulsion dont la sensibilité est égale à celle du film utilisé pour faire des essais.

☐ Par exemple, si le diaphragme du meilleur cliché que l'on a obtenu sur un film 64 ISO était f / 8, on arrive, en multipliant f / 8 par 11 à un résultat de 88, qui est le nombre guide recherché.

☐ Pour compléter l'échelle, le truc le plus simple est d'inscrire l'ensemble des diaphragmes dont on dispose sur une ligne et d'écrire, si nous reprenons notre exemple, le chiffre 8 juste en dessous du diaphragme 11, de manière à obtenir une échelle ressemblant à ceci :

f/2.8	4	5.6	8	11	16	22	32
			8				

On remplit ensuite la ligne du bas en y écrivant les mêmes chiffres que sur celle du haut, mais dans l'ordre inverse, de la façon suivante :

f/2.8	4	5.6	8	11	16	22	32
32	22	16	11	8	5.6	4	2.8

L'échelle ainsi constituée est très précise quand on la lit de la bonne manière, c'est-à-dire en donnant aux chiffres de la ligne du haut les valeurs de distances en pieds et, à ceux de la ligne du bas, celles d'une suite d'ouvertures de diaphragme. Ainsi :

distance en pieds :	2.8	4	5.6	8	11	16	22	32
ouverture :	f/32	22	16	11	8	5.6	4	2.8

À preuve, si l'on divise notre nombre guide de 88 par une distance flash / sujet de 4 pieds, on obtiendra une ouverture de f / 22, qui est exactement celle qui figure sur notre échelle.

MAIS ATTENTION ! Le nombre guide déterminé par cette méthode n'est valable que pour un degré de sensibilité de film. Il ne faut pas croire que pour une émulsion deux fois plus rapide, il deviendra tout simplement le double. Il n'est cependant pas non plus nécessaire de recommencer les essais pour chaque émulsion que l'on veut employer. Quand on a fait les tests une fois et obtenu un premier nombre guide, il suffit de multiplier ce nombre (exemple 88) par le facteur correspondant à chacun des indices de sensibilité ISO indiqué dans l'échelle suivante pour connaître le nombre guide à utiliser en fonction des différentes émulsions :

SENSIBILITÉ ISO	25	32	40	50	64	80	100	**125**	160	200	250	320	400
MULTIPLIER N.G. PAR	0.63	0.70	0.80	0.90	1.0	1.12	1.25	**1.40**	1.60	1.80	2.0	2.25	2.50

Dans notre exemple, le nombre guide valable pour un film 125 ISO sera donc 123 (nombre guide 88 x 1.40).

Les petits secrets du vieux « pro »

☐ Les verres de lunettes (et autres colifichets à surfaces polies) peuvent, en réfléchissant la lumière du flash, avoir un effet absolument désastreux sur la clarté de vos photos. Pour réduire les risques au minimum, il suffit de s'installer de façon à ce que l'axe de l'objectif croise ces surfaces selon un angle de 45° environ.

☐ Le flash produit un éclairage très contrasté. Pour obtenir une lumière plus douce, on peut essayer de couvrir la fenêtre du flash à l'aide d'une épaisseur de papier mouchoir blanc. Il faudra alors augmenter l'ouverture du diaphragme d'un cran par rapport à la normale. Si vous mettez deux épaisseurs de papier mouchoir, ouvrez de deux crans de plus que la normale. Les flashes électroniques automatiques compenseront d'eux-mêmes pour le changement, à condition que le papier mouchoir ne cache pas la cellule de leur télésenseur.

☐ Si l'envie vous prend de créer un «flou filé» afin d'ajouter du mouvement à votre image, voici comment procéder :
— allumer toutes les lampes de la pièce ;
— installer l'appareil sur un trépied ;
— débrancher le flash et le tenir à la main, prêt à fonctionner en mode manuel ;
— régler l'obturateur à B ou à T ;
— fermer le diaphragme d'un cran ou d'un cran et demi de plus que vous ne le feriez pour une prise de vue normale au flash ;
— demander au sujet de commencer son mouvement et ouvrir l'obturateur pendant environ une seconde ;
— juste avant de fermer l'obturateur, déclencher le flash.

Sur l'épreuve, votre sujet sera net mais laissera derrière lui une «traînée lumineuse» du plus bel effet !

☐ Pour réaliser une photo à éclairage dit «stroboscopique», il faut commencer par trouver un fond noir : à l'intérieur, un rideau ou une couverture foncée ; à l'extérieur, le soir, un coin de paysage où les lumières brillent par leur absence. On procède de la même manière que pour le «flou filé» sauf que l'on déclenche plusieurs éclairs durant la même prise de vue, sans avancer le film et sans fermer l'obturateur.

Le «flash en indirect» apprivoisé !

Vous savez que l'expression «flash en indirect» désigne un mode d'utilisation du flash qui consiste à éclairer un sujet en faisant réfléchir la lumière par un plafond ou un mur plutôt qu'en orientant le faisceau directement vers lui.

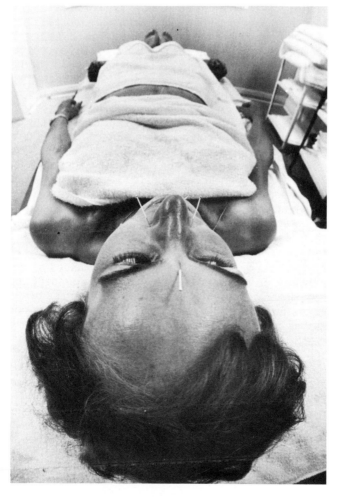

On obtient ainsi un éclairage plus doux que celui que l'on a en employant le flash de la manière conventionnelle. Technique simple. Ce qui l'est cependant un peu moins, c'est l'établissement de la combinaison ouverture-temps de pose qui convient à l'éclairement du sujet quand on ne possède pas de flashmètre, situation de la plupart des photographes amateurs. On procédait jusqu'ici par essais et erreurs, en faisant des prises de vues en fourchette. Mais la situation a changé radicalement depuis la mise au point des flashes automatiques dont la «tête», c'est-à-dire la partie contenant la lampe, peut basculer horizontalement et verticalement tandis que la base, rattachée à l'appareil-photo, ne bouge pas. La cellule photosensible (télésenseur) déterminant la quantité de lumière émise par le flash étant fixée à cette base, elle demeure tournée dans la même direction que l'objectif et continue d'évaluer la lumière réfléchie par ce que l'on voit dans le viseur, quel que soit le comportement de l'élément émetteur de lumière. Le télésenseur contrôle ainsi le fonctionnement du flash de façon que la scène photographiée reçoive un éclairage adéquat, même si la lumière qui l'atteint doit être réfléchie par un mur ou un plafond. Mais les avantages du nouveau dispositif sont loin d'être purement techniques. Pour vous en convaincre, surtout si vous en avez assez de voir des yeux rouges et des ombres fantasmagoriques sur vos photos prises au flash, pourquoi ne pas demander une démonstration de ce genre d'accessoires à votre fournisseur d'accessoires photographiques? Rien ne vous oblige ensuite à en faire l'acquisition. Car, en vérité, on peut découvrir beaucoup de romantisme dans le regard des lapins...

Au fait, avez-vous remarqué combien de flashes se déclenchent du haut des estrades d'un stade pendant une compétition sportive? Et savez-vous que tous ces beaux éclairs fusent en pure perte? car la portée pratique des flashes qu'emploient les amateurs dépasse rarement une dizaine de mètres... dans les meilleurs cas. Avec un film 100 ISO, un «Magicube» n'éclaire efficacement que jusqu'à cinq mètres. Pour prendre de bonnes photos d'une épreuve sportive, il ne faut donc pas trop compter sur son flash, à moins de se placer très proche de l'action. On peut aussi, en se procurant le film adéquat*, tout simplement profiter des éclairages puissants qui sont souvent mis en place dans ces endroits pour les besoins de la télévision.

---

* Voir films N/B et couleurs, pages 22-44.

Un double parfait... (au flash)

Il s'agit de deux prises de vues réalisées sur le même cliché :

1) choisir un fond noir (idéalement le soir) ;
2) faire une première prise de la scène ;
3) armer l'appareil **sans que la pellicule n'avance** * ;
4) déplacer le sujet de manière appropriée, puis faites une autre prise de vue.

---

* La technique est décrite dans le mode d'emploi de votre appareil.

7

Les techniques de prises de vues

Avant toute chose, d'abord et auparavant...

En photographie comme en bien d'autres domaines, la hâte est mauvaise conseillère. Ce qui ne veut pas dire que la lenteur soit un gage de succès, au contraire! Mais pour ne pas perdre de temps dans les moments critiques, il est important de prendre quelques précautions élémentaires et de les répéter régulièrement, jusqu'à ce qu'elles soient devenues plus qu'une habitude, une espèce de seconde nature inscrite au plus profond de votre subconscient.

Donc, avant de vous mettre en chasse, *assurez-vous*:

Que votre appareil est chargé

Ce point paraît tellement évident qu'il arrive à des esprits pas si distraits que ça de «prendre» tout un rouleau de film pour constater, en essayant de le retirer de l'appareil... qu'il n'y était jamais entré! Les risques de ce genre sont évidemment plus limités dans le cas des appareils qui emploient du film en cassettes ou en rouleau à protecteur de papier car on s'aperçoit de son erreur dès que l'on essaie d'avancer le film après avoir «pris» la première photo, qui aurait pu cependant être (snif!) l'image du siècle! Certains appareils refusent carrément de fonctionner quand ils ne contiennent pas de film. En revanche, les choses sont loin d'être aussi évidentes avec la plupart des appareils de format 35 mm, dont le compte-pose, notamment, fonctionne de la même manière, que l'appareil soit chargé ou non. Enfin, il est bon de savoir, en tenant au besoin un « journal de bord», ce qui se passe à l'intérieur de sa «boîte noire» pour éviter de gâcher du beau travail en l'ouvrant alors qu'elle renferme encore un rouleau de pellicule à moitié exposé.

Que votre film est bien engagé

Le chargement des cassettes de film des appareils Pocketmatique, Kodak Disc et tous les modèles «compact» auto-focus est extrêmement simple et l'avance du film se fait de façon entièrement automatique. La mise en place du film dans les appareils de format 35 mm est par contre plus délicate. La première opération consiste à glisser, dans le bon sens, la cassette dans son logement. On s'assure ensuite que les dents des roues d'engrenage sont bien engagées dans les perforations de l'amorce, après avoir glissé le bout de celle-ci dans la fente ou la pince prévue à cet effet sur le tambour récepteur. Il faut alors actionner (un quart de tour suffit) le levier d'armement afin de vérifier que tout se passe normalement. Après, on ferme le boîtier, on amène le levier d'armement jusqu'à la fin de sa course et on déclenche une fois avant de reprendre le mou du film en tournant dans le sens des aiguilles d'une montre la manivelle de rembobinage, qui est généralement située du côté gauche et sur le dessus de l'appareil. On arrête lorsqu'on sent une certaine résistance, puis on arme et on déclenche une seconde fois. En faisant fonctionner le levier d'armement, on regarde si la molette supportant la manivelle de rembobinage tourne elle aussi, ce qui confirme que le film avance normalement. Cette vérification permet de s'assurer également qu'il y a ou non un film dans l'appareil quand on éprouve des doutes à ce sujet, comme par exemple dans l'éventualité où on l'a rangé depuis un certain temps ou si plusieurs personnes utilisent le même équipement.

Que votre posemètre est correctement réglé

Les posemètres, intégrés ou non, doivent être réglés selon l'indice de sensibilité du film que l'on est en train d'utiliser. La plupart des posemètres actuels comportent deux séries de graduations; celles de l'échelle ISO (c'est la même chose) et celle de l'échelle DIN. Les deux systèmes étant aussi précis, on peut indifféremment utiliser l'un ou l'autre et les fabricants de pellicule donnent ordinairement les deux renseignements concernant leurs produits. Ce qui est par contre essentiel, c'est de ne pas oublier d'effectuer ce réglage quand on met un nouveau film dans l'appareil.

Que le bouchon de l'objectif est enlevé

Quand on emploie un appareil reflex mono-objectif, le problème présente un symptôme évident: si le bouchon est en place, on ne voit rien en regardant le viseur. La chose est moins claire dans le cas des appareils non-reflex ou des appareils reflex à double objectif car rien ne permet de supposer, lorsqu'on effectue une visée, que l'objectif, lui, ne «voit» que la face intérieure de son bouchon. Les propriétaires de tels appareils ont intérêt à développer une habitude, que dis-je, un réflexe conditionné qui leur fait vérifier si leur objectif est bien dégagé chaque fois qu'ils prennent une photo.

Que votre objectif est propre

N'oubliez jamais que la poussière et les empreintes digitales affectent considérablement le rendement des objectifs et, par conséquent, la qualité des images, même si, à l'oeil, les dommages peuvent sembler insignifiants. Il est donc impératif de nettoyer régulièrement la lentille avant de son objectif et, s'il est interchangeable, sa lentille arrière. Il suffit pour cela d'embuer légèrement les lentilles et de les essuyer *délicatement* à l'aide d'un morceau de papier spécialement conçu pour cette opération. Trop de pression ou un tissu trop grossier (le papier mouchoir en est un) peut avoir pour conséquence d'égratigner et d'user prématurément la couche d'enduit antireflet qui recouvre les lentilles des objectifs photographiques.

Rappelez-vous encore

De ne jamais charger votre appareil en plein soleil.

Cherchez un endroit ombragé et tournez le dos au soleil pour insérer le film dans l'appareil. Par ailleurs, on ne charge pas un appareil photographique sous la pluie ou en plein milieu d'une tempête de sable.

De réchauffer votre pellicule...

dans vos mains ou d'en réchauffer l'amorce avec votre haleine quand vous devez charger votre appareil par temps froid. Vous éviterez ainsi qu'elle ne se casse pendant les manipulations. Le froid rend en effet les émulsions et leurs supports extrêmement fragiles.

... avec filtre polarisant.

... comment une émulsion couleur «voit» le ciel au travers d'un filtre polarisant.

... même de simples lunettes polarisantes placées devant l'objectif donnent des résultats étonnants.

La scène telle qu'observée sans filtre polarisant...

LES FILTRES «FROIDS» ET LES FILTRES «CHAUDS»

Le tableau qui suit vous démontre graphiquement comment utiliser les filtres «froids» (en bleu) et les filtres «chauds» (en orange et en jaune). Notez que les teintes des encres utilisées pour imprimer ce tableau ne correspondent que très partiellement aux couleurs véritables des filtres et des types de lumière qui y sont mentionnés.

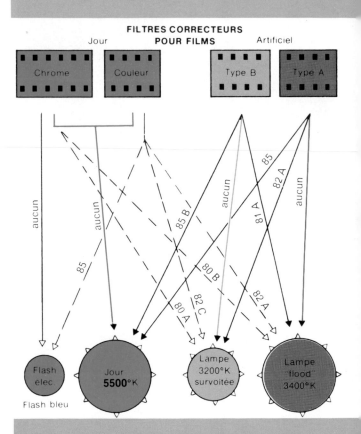

Le film «jour» voit «rouge» quand on l'utilise à l'intérieur sous un éclairage tungstène; l'équilibre revient avec le filtre 80A. Le film type B équilibré par la lumière tungstène voit le monde en «bleu» s'il est utilisé à la lumière du jour sans la filtration appropriée du filtre 85B.

Ces fleurs et cette araignée ont été photographiées avec un objectif dit «macro» et un film Kodachrome 64-ISO sous un éclairage jour.